우리는 광고비 없이 AI로 팝니다

김재희
강명구
공인희
지음

제로 클릭 시대를
살아가는
마케터를 위한
새로운 필독서

우리는
광고비 없이
AI로 팝니다

다산북스

이 책은 AI 시대에 고객이 어디서 정보를 얻고, 어떤 맥락으로 회사를 알아보고, 무엇을 바탕으로 선택을 내리는지를 구체적으로 말하고 있다. 특히 "AI가 우리를 아는가"라는 질문을 중심에 놓고, 기업과 개인이 지금 무엇을 준비해야 하는지 실무적으로 풀어낸 점이 인상 깊다.

앞으로는 좋은 제품과 서비스만으로 충분하지 않다. AI가 읽고 해석할 수 있는 형태로 가치와 강점이 정리되어 있어야 시장과 연결될 수 있다. 이 책은 바로 그 지점을 정확히 짚는다. 규모나 업력보다 정보의 구조, 설명의 방식, 신뢰의 축적이 더 중요해지는 흐름을 설득력 있게 보여준다.

나는 오래전부터 AI의 본질이 판단과 연결의 방식이 새롭게 짜이는 것이라고 보았다. 그런 점에서 이 책은 홍보와 마케팅의 기술을 설명하는 데 그치지 않고, 기업이 새로운 질서 속에서 어떻게 자신을 드러내고 기회를 확보할 것인지에 대한 방향을 제시한다.

이 과정에서 기술 변화만 강조하지 않는다. 기업의 경험, 서비스의 완성도, 브랜드가 쌓아온 신뢰 그리고 사람의 언어로 전달되는 진정성이 여전히 중요하다는 점을 함께 담고 있다. AI가 정보를 정리하는 시대일수록, 선택의 이유를 만드는 힘은 더욱 분명한 정보와 축적된 신뢰에서 나온다. AI 시대를 준비하는 기업, 조직, 실무자에게 유용한 안내서가 될 것이다.

— 김현철 한국인공지능협회 회장

클릭이 사라지고 있다는 경고는 업계에서도 계속 있었지만, 이토록 구체적인 데이터와 실전 사례로 그 변화를 증명한 책은 처음이다. 제로 클릭은 단순한 트렌드가 아니라, 20년 넘게 쌓아온 디지털 광고의 문법을 통째로 바꾸는 패러다임의 전환이다. 이 책은 광고주와 대행사 모두가 지금 당장 읽어야 할 필독서이며, 업계에서 살아남으려는 모든 이들에게 새로운 좌표를 제시한다. AI 시대의 마케팅은 노출이 아니라 신뢰할 수 있는 정보 구조로 승부해야 한다는 것, 그 본질을 이 책이 정확히 짚었다.

— 양준모 한국디지털광고협회 협회장

기업의 메시지가 세상에 닿는 방식은 시대마다 달라져 왔고, 우리는 그때마다 새로운 소통의 대상을 하나씩 더해왔다. 이제 그 목록에 AI가 추가됐다. 소비자가 검색 대신 AI에 묻고 클릭 한번 없이 구매를 결정하는 시대에, AI가 우리를 어떻게 이해하고 말하는지는 업계 전체가 함께 고민해야 할 과제가 됐다. 이 책은 그러한 변화를 추상적 담론이 아닌 현장의 언어와 사례로 써냈다. 커뮤니케이션 조직이 무엇을 점검하고 대비해야 하는지 보여주는, AI 검색 시대를 준비하는 리더와 실무자를 위한 드문 실용서.

— 최민선 GM한국사업장 커뮤니케이션 상무

AI가 추천하지 않으면
아무도 모른다

제로 클릭, 한국에 상륙하다

2025년 가을, 김난도 교수의 트렌드 분석서 《트렌드 코리아 2026》이 출간되었습니다. 17년간 이어온 이 시리즈의 서문은 언제나 '경제' 이야기로 시작되었습니다. 그런데 2026년에는 달랐습니다. 경제를 비롯한 모든 영향 요인을 압도하는 단 하나의 키워드, 'AI'로 시작했습니다.

그리고 AI 시대를 상징하는 10대 트렌드 중 하나로 '제로 클릭Zero Click'이 선정되었습니다. 마케팅 업계에 던져진 쇼크였습니다.

제로 클릭이란 검색창에 질문을 입력하면 AI가 바로 답을 제시하고, 사용자는 어떤 링크도 클릭하지 않은 채 원하는 정보를 얻는 현상입니다. 김난도 교수는 이를 "AI가 영업과 검색 패러다임을 가장 직관적으로 바꾼 사례"라고 설명했습니다. 그런데 이 변화는 갑자기 등장한 것이 아닙니다.

이미 세계는 움직이고 있었다

제로 클릭은 한국에서 화제가 되기 훨씬 전부터 해외에서 거대한 흐름으로 자리 잡고 있었습니다. 2024년, 미국 리서치 기업 스파크토로sparkToro의 연구에 따르면 미국 구글 검색의 58.5%, 유럽연합에서는 59.7%가 단 한 번의 클릭도 없이 종료되었습니다. 10번 검색하면 6번은 아무 웹사이트에도 방문하지 않는다는 뜻입니다.

글로벌 리서치 기업 가트너Gartner는 더 충격적인 예측을 내놓았습니다. 2026년까지 전통적인 검색엔진 사용량이 25% 감소할 것이라고 전망한 것입니다. AI 챗봇과 가상 에이전트가 검색의 자리를 대체하고 있기 때문입니다.

구글조차 이 흐름을 거스를 수 없었습니다. AI 오버뷰AI Overview를 도입한 검색 결과에서는 제로 클릭 비율이 83%

까지 치솟았습니다. 사람들은 더 이상 파란색 링크를 클릭하지 않습니다. AI가 정리해 준 답변만으로 충분하기 때문입니다.

이것은 단순한 기술 트렌드가 아닙니다. 사람들이 정보를 찾고, 판단하고, 구매를 결정하는 방식 자체가 근본적으로 바뀌고 있다는 신호입니다.

우리가 발견한 변화와 기회

함샤우트 글로벌은 30년 넘게 마케팅 커뮤니케이션 현장에서 일해왔습니다. PC 시대, 인터넷 시대, 모바일 시대, 소셜 미디어 시대를 모두 경험했습니다. 매번 "이번엔 다르다"라는 말이 나왔지만, 2022년 말 챗GPT가 등장했을 때는 직감적으로 알 수 있었습니다.

'이번엔 진짜 다르다.'

우리는 이러한 변화를 포착한 즉시 사내에 AI 연구소를 설립하고, AI 전문 정보 플랫폼 'AI매터스AI Matters'를 통해 이 변화를 추적하기 시작했습니다. 해외 리서치를 분석하고, 국내 시장의 움직임을 관찰하고, 직접 실험했습니다. 그리고 깨달았습니다. 제로 클릭은 마케팅의 규칙을 완전히 다시 쓰고 있다는 것을요.

소비의 문법이 바뀌었다

변화는 숫자로만 존재하지 않습니다. 사람들의 행동 자체가 달라지고 있습니다.

네이버에 '강남 맛집'을 검색하던 사람들이 이제 AI에게 묻습니다. "이번 주말에 부모님 모시고 갈 식당 찾고 있어. 한식이면 좋겠고, 주차 편하고, 조용한 곳으로. 예산은 1인당 5만 원 정도야."

키워드가 아니라 문장으로, 검색이 아니라 대화로 변화했습니다. 20년 넘게 훈련받았던 정보 탐색의 방식이 완전히 달라지고 있습니다. 그리고 AI는 대화의 맥락을 이해하고, 사용자의 조건에 맞는 답을 즉시 제시합니다.

문제는 그 답변 속에 당신의 브랜드가 있느냐는 것입니다.

현장의 혼란, 그리고 시행착오

이 변화 앞에서 저희도, 고객사들도 혼란을 겪었습니다.

"기존 SEO를 잘하면 AI 검색에도 나오지 않을까?"

"SNS 마케팅을 열심히 하면 괜찮지 않을까?"

"우리는 대기업이니까, 브랜드 인지도가 있으니까 문제 없을 거야."

모두 오해였습니다. 한 마케팅 특강을 진행할 때였습니다. 어떤 지역에서 특수 장비 진료가 가능한 병원이 있는지 AI에게 물어봤습니다. 강의가 끝나고 한 홍보실 팀장이 충격받은 얼굴로 다가왔습니다.

"정말… 저희 병원이 안 나왔습니까?"

확인해 보니 그 지역에서 수십 년간 운영해 온 대학병원이었습니다. 열심히 홍보 활동도 해왔습니다. 하지만 AI의 답변에는 존재하지 않았습니다. 규모나 역사가 문제가 아니었습니다. AI가 읽고 이해할 수 있는 방식으로 정보가 정리되어 있느냐, 그렇지 않으냐의 문제였습니다.

작은 기업은 사라지는가

2024년에서 2025년 사이, B2B 웹사이트의 73%가 유의미한 트래픽(웹사이트를 방문하는 사람의 수) 손실을 경험했습니다. 허브스팟HubSpot은 AI 오버뷰 도입 후 단 한 달 만에 트래픽이 50% 가까이 급감했습니다. 이 숫자들이 의미하는 바는 명확합니다. 기존 방식대로 마케팅하면, 고객이 당신을 찾아오는 길 자체가 사라진다는 뜻입니다. 두려움이 퍼지기 시작했습니다.

"AI 시대에는 결국 거대 자본을 가진 대기업만 살아남는 거 아닌가?"

"우리 같은 중소기업, 자영업자는 어떻게 해야 하나?"

"앞으로 내 사업이 존재할 수 있을까?"

이 공포는 현실에 기반한 것입니다. 변화에 적응하지 못하면 정말로 도태될 수 있습니다.

하지만 해결책은 있다

그러나 공포에만 머물 필요는 없습니다. 변화에 즉각 대응하고 나선 저희는 직접 실험했습니다. 홈페이지를 정비하고, 정보를 체계적으로 구조화하고, AI가 이해할 수 있는 방식으로 콘텐츠를 재설계했습니다. 시간이 지나면서 변화가 나타났습니다. AI가 우리에 관해 점점 정확한 정보를 제공하기 시작한 것입니다.

이러한 경험은 분명한 교훈을 남겼습니다. AI 시대의 노출은 규모가 아니라 구조의 문제라는 것입니다. 대기업이든 중소기업이든, 동네 가게든 개인 브랜드든, AI가 이해할 수 있는 방식으로 정보를 제공하면 AI 검색 결과에 나타날 수 있습니다. 반대로 아무리 큰 기업이라도 AI가 읽을 수 없는 방식으로 정보를 방치하면 존재하지 않는 것과 같습니다.

이것이 AI 시대의 새로운 공정함입니다. 모두가 같은 출발선에 서 있습니다. 차이를 만드는 것은 지금 움직이느냐, 그렇지 않느냐입니다.

누구의 문제인가

"AI 검색? 그거 마케팅팀에서 알아서 할 일 아니야?"

"개인 브랜딩? 난 그런 거 필요 없어."

이런 생각을 하셨다면 다시 생각해 볼 필요가 있습니다. AI가 언급하느냐 마느냐의 문제는 마케팅 부서의 과제를 넘어섭니다. 이건 기업 전체의 문제이자, 개인의 문제이기도 합니다.

영업사원 A씨의 문제입니다.

"요즘 신규 고객 미팅 가면 분위기가 달라졌어요. 예전에는 제가 회사 소개부터 시작했거든요. 그런데 요즘 고객들은 미팅 전에 이미 AI한테 물어보고 와요.

지난주에 만난 고객이 대뜸 이러더라고요. '챗GPT한테 물어보니까 귀사가 이 분야에서 강점이 있다고 하던데, 구체적으로 어떤 프로젝트 하셨어요?' 다행히 우리 회사가 AI 답변에 나왔으니까 미팅까지 온 거죠.

반대로, AI가 경쟁사만 추천하고 우리를 언급 안 했으면? 그 고객은 애초에 우리한테 연락 안 했을 거예요."

영업의 출발점이 달라지고 있습니다. 예전에는 영업사원이 직접 고객을 발굴하고, 회사를 소개하고, 신뢰를 쌓았습니다. 이제는 고객이 먼저 AI에게 물어보고, AI가 추천한 회사에만 연락합니다. AI가 우리를 추천하지 않으면 영업 기회 자체가 사라집니다.

프리랜서 디자이너 B씨의 문제입니다.

"예전에는 소개로 일을 받았어요. 그런데 요즘은 클라이언트가 먼저 AI에게 물어보고 오는 경우가 많아요. 한 클라이언트가 이렇게 말한 적이 있어요. 'AI한테 브랜드 디자인 전문가를 추천해 달라고 했는데, 선생님 이름은 안 나오더라고요.' 제가 10년 경력인데, AI는 저를 몰라요.

요즘은 비핸스Behance에도 작업물 올리고, 브런치에 디자인 칼럼도 쓰기 시작했어요. AI가 저를 알 수 있도록요."

프리랜서, 컨설턴트, 1인 기업가에게 AI 인지도는 곧 사업 기회와 직결됩니다.

제품 기획자 C씨의 문제입니다.

"우리 제품이 정말 좋은데, 왜 AI는 경쟁사 제품만 추천할까요?"

이유를 찾아보니 경쟁사는 제품 스펙, 사용법, 비교 정보를 홈페이지에 상세하게 올려놓고 있었습니다. 반면 C씨의 회사 제품 정보는 영업 제안서에만 있었고 AI는 그 제안서를 읽을 수 없는 형태였습니다. 제품이 아무리 좋아도, 그 정보가 AI가 접근할 수 있는 형태로 존재하지 않으면 추천받을 수 없습니다.

고객센터 팀장 D씨의 문제입니다.

"요즘 고객 문의 패턴이 바뀌었어요. 예전에는 '이 제품 어떻게 써요?'라는 기본 질문이 많았는데, 요즘은 그런 건 AI한테 먼저 물어보고 오시더라고요.

문제는 AI가 잘못된 정보를 줄 때예요. 고객이 'AI가 이렇게 하라고 했는데 안 되던데요?'라고 물으면, 저희가 'AI가 틀렸습니다'라고 해야 해요. 고객 입장에서는 황당하죠."

FAQ, 사용 가이드, 문제 해결 방법 같은 정보가 AI가 학습할 수 있는 형태로 공개되어 있어야 AI도 정확한 답을 줄 수 있습니다.

인사 담당자 E씨의 문제입니다.

"요즘 지원자들 면접 보면, 회사에 대해 꽤 알고 와요. '회사 홈페이지 봤어요'가 아니라 'AI한테 물어봤어요'라고 하더라고요.

그런데 AI가 우리 회사에 관해 잘못된 정보를 주면 문제예요. 한 지원자는 '귀사가 IT 회사인 줄 알았는데 아니었네요'라고 하더라고요. AI가 엉뚱한 정보를 줬던 거죠."

우수 인재를 채용하려면, 그 인재가 우리 회사를 정확하게 알아야 합니다.

- 잠재 고객이 우리를 발견하지 못합니다 → 매출 감소
- 영업 기회가 줄어듭니다 → 성장 둔화
- 인재가 우리 회사를 모릅니다 → 채용 경쟁력 약화
- 고객이 잘못된 정보를 받습니다 → 브랜드 신뢰도 하락

이 모든 문제는 결국 경영진의 문제로 귀결됩니다.

AI가 우리 브랜드를 모르면 이와 같은 문제가 발생합니다. 이건 마케팅 예산을 더 쓴다고 해서 해결될 문제가 아닙니다.

AI가 언급하지 않으면 기회는 없다

과장이 아닙니다. 사람들은 점점 더 AI에게 물어보고 결정합니다. 노트북을 살 때도, 병원을 고를 때도, 식당을 찾을 때도, 심지어 취업할 회사를 알아볼 때도, 전문가를 찾을 때도 AI에게 먼저 물어봅니다.

AI가 추천하지 않는 브랜드는 고려 대상에서 제외됩니다. 아예 존재 자체를 모르니까요. 오프라인에서 30년 장사한 맛집도 AI가 모르면 새로운 고객을 만나기 어렵습니다. 업계에서 인정받는 B2B 기업도 AI가 언급 안 하면 신규 거래처 발굴이 힘들어집니다. 실력 있는 중소기업도 AI가 추천 안 하면 인재들이 지원하지 않습니다. 10년 경력의 전문가도 AI가 모르면 새로운 기회를 놓칩니다.

"AI가 나를(우리를) 아는가?"

이 질문은 더 이상 마케팅팀만의 질문이 아닙니다. 영업팀, 제품팀, 고객서비스팀, 인사팀, CEO 모두가 함께 던져야 할 질문입니다. 또한 취업 준비생, 프리랜서, 전문가 개인이 던져야 할 질문입니다.

이 책은 그 질문에 대한 해법을 담고 있습니다. 제로 클릭 현상이 무엇인지, 왜 지금 이 변화가 중요한지, 그리고 구체적으로 무엇을 어떻게 해야 하는지를 설명합니다. 이론이 아니라 우리가 직접 실험하고, 고객사들과 함께 부딪히며 얻은 실전 경험을 바탕으로 썼습니다.

이 책을 통해 당신의 브랜드를 AI의 답변 속으로 데려가 보세요. 자, 이제 시작합니다.

2026년 4월

함샤우트 글로벌 김재희, 강명구, 공인희

목 차

변화

1장
이제 돈을 써도
판매가 되지 않는다

사람들은 더 이상
검색하지 않는다

수영 씨는 회사에서 영상 편집 업무를 맡게 됐습니다. 기존에 쓰던 노트북으로는 버거워서 새 노트북을 사기로 했죠. 예산은 150만 원 정도입니다. 그런데 노트북을 산 지 5년이 넘어서 요즘 어떤 제품이 좋은지 전혀 모릅니다.

2년 전이었다면 수영 씨는 이렇게 했을 겁니다.

예전의 구매 여정: 검색의 미로

1단계. 키워드 검색

네이버를 열고 '영상 편집 노트북 추천'을 검색합니다. 검색 결과가 쏟아져 나옵니다. 블로그 글, 카페 글, 쇼핑 광고, 지식인 답변… 어디서부터 봐야 할지 막막합니다.

2단계. 블로그 탐색

블로그 글 몇 개를 클릭합니다. '2023년 영상 편집 노트북 추천 TOP 10'이라는 글을 읽습니다. 그런데 3년 전 글이네요. 다른 글을 찾습니다. 이번엔 최신 글인데, 읽다 보니 특정 브랜드를 너무 밀어주는 느낌입니다. '광고인가?' 의심이 됩니다.

3단계. 유튜브 리뷰

블로그만으로는 부족해서 유튜브를 엽니다. '영상 편집 노트북'을 검색하고 리뷰 영상을 봅니다. 10분짜리 영상을 3개 정도 보니 40분이 훌쩍 지났습니다. 그런데 리뷰어마다 추천하는 제품이 다릅니다.

4단계. 스펙 비교

후보를 3개 정도로 좁혔습니다. 이제 가격 비교 사이트 '다나와'에서 스펙을 비교합니다. CPU, RAM, GPU, SSD… 용어가 어렵습니다. "라이젠 7이랑 인텔 i7 중에 뭐가 낫나요?" 직접 글을 올려 사람들의 의견을 물어본 뒤 또 검색합니다.

5단계. 가격 비교

스펙을 어느 정도 이해했으니 가격을 비교합니다. 네이버 쇼핑, 쿠팡, 11번가 같은 사이트를 오갑니다. 같은 제품인데 가격이 다 다릅니다. 카드 할인, 적립금, 무이자 할부 조건도 제각각입니다.

6단계. 최종 결정

여기까지 오는 데 일주일이 걸렸습니다. 그래도 확신이 없습니다. '이거 사도 되는 건가?' 고민하다가 결국 지인에게 물어봅니다. 지인은 "그냥 맥북 사"라고 합니다.
  '예산 초과인데…'

지금의 구매 여정: 대화 한 번
1단계. 묻기

지금은 AI에게 이렇게 물어봅니다. "영상 편집용 노트북 사려고 하는데, 예산은 150만 원이야. 프리미어 프로랑 애

프터 이펙트를 돌릴 수 있어야 하고, 외근이 많아서 너무 무거우면 안 돼. 뭐가 좋을까?"

2단계. AI 답변 듣기

AI가 5초 만에 답변을 해줍니다.

150만 원 예산에 영상 편집용이시라면 이런 조건을 고려해야 합니다. CPU는 최소 라이젠 7이나 인텔 i7 이상, RAM은 16GB 이상(가능하면 32GB), GPU는 RTX 3050 이상이 좋습니다. 무게는 1.8kg 이하면 휴대성도 괜찮고요.

이 조건에 맞는 추천 제품입니다:
1. LG 그램 프로 16(약 145만 원): 1.19kg으로 매우 가벼움, 다만 외장 GPU 없음
2. 레노버 슬림 프로 7(약 140만 원): RTX 3050 탑재, 1.45kg
3. ASUS 비보북 프로 15(약 130만 원): 가성비 좋음, 1.8kg

영상 편집 비중이 높다면 2번 레노버를 추천드립니다. 외장 GPU가 있어서 렌더링 속도가 확실히 빠릅니다. 휴대성이 더 중요하다면 1번 LG 그램도 고려해 보세요.

3단계. 추가 질문

추가로 궁금한 게 있다면 질문합니다.

"레노버 슬림 프로 7 단점은 뭐야?"

4단계. 추가 답변

주요 단점 세 가지입니다. 첫째, 팬 소음이 좀 있습니다. 고사양 작업 시 팬이 빠르게 돌아요. 둘째, AS가 LG나 삼성보다 불편할 수 있습니다. 셋째, 배터리 시간이 영상 편집 시 4~5시간 정도로 짧은 편입니다. 다만 가격 대비 성능은 확실히 좋습니다.

같은 상황에서 지금의 수영 씨는 이렇게 합니다. 챗GPT를 열고 물어보면 5초 뒤, AI가 답합니다. 일주일 넘게 걸리던 구매 여정이 5분 만에 끝납니다.

사라진 중간 단계들

이러한 경험은 쇼핑에만 국한되지 않습니다. 회사 근처 맛집을 찾을 때도 마찬가지입니다. 예전에는 '강남역 맛집'을 네이버에 검색하고, 블로그 리뷰를 읽고, 사진을 확인하고, 지도에서 위치를 체크했습니다. 지금은 챗GPT에 "강남역 근처에 조용하고 파스타 맛있는 곳 추천해 줘"라고 물어보면 끝입니다.

병원을 찾을 때도 달라졌습니다. 무릎이 아파서 정형외과를 찾던 김 과장은 예전에는 '강남 정형외과 추천' '무릎 통증 잘 보는 곳'을 검색하고 여러 병원 홈페이지를 방문했습니다. 의료진 약력을 확인하고, 진료 후기를 읽고, 진료 시간과 주차 가능 여부까지 일일이 체크했죠. 지금은 퍼플렉시티에 "강남에서 무릎 통증 진료 잘하는 정형외과 추천해 줘. 주차되는 곳으로"라고 물어봅니다. 여기서 결정적인 변화가 일어났습니다. 검색과 클릭이 사라진 겁니다.

클릭 없이 정보가 소비되는 시대. 중간 과정 없이 AI가 직접 답을 제시하는 시대. 기업 입장에서는 아무리 좋은 제품을 만들어도, 아무리 훌륭한 콘텐츠를 준비해도 AI가 선택하지 않으면 소비자에게 닿을 수 없는 시대가 왔습니다.

트래픽 광고를
아무리 돌려도 효과가 없는 이유

사람들이 웹사이트를 클릭하지 않게 됐다는 것. 바로 이것이 '제로 클릭'입니다. 제로 클릭은 말 그대로 '클릭이 0(제로)'인 상태를 의미합니다. 검색이나 질문을 했는데, 그 답을 검색 결과 페이지나 AI 대화창 안에서 바로 얻고 끝내는 현상입니다. 웹사이트를 방문하지 않는 거죠.

예전에는 검색창에 검색하여 결과를 확인하고 비교해야 했습니다. 정보가 부족하면 이 과정을 반복하고 사이트를 계속해서 방문해야 했습니다. 검색과 웹사이트 방문 사이에는 항상 '클릭'이 있었습니다. 그 클릭이 곧 트래픽이고, 트래픽이 곧 비즈니스의 기반이었습니다.

기업은 검색 결과 상위에 오르기 위해 SEO(검색엔진 최적화)에 투자했고, 클릭당 광고비를 내는 검색 광고에 수백만 원을 쏟아부었습니다. 클릭 하나하나가 잠재 고객을 의미했으니까요.

하지만 AI 시대의 정보 탐색은 완전히 다릅니다. AI에게 질문을 던지면 AI가 직접 답변을 제공합니다. 여러 출처에서 정보를 수집하고, 비교하고, 요약해서 하나의 답변으로 정리해 줍니다. 우리는 그 답변을 읽고, 필요하면 추가 질문을 합니다. 그리고 끝입니다.

왜 클릭이 사라지는가

이유는 단순합니다. "AI가 답을 주니까"입니다.

예전에는 검색 결과가 '링크 목록'이었습니다. "여기에 관련 정보가 있을 거야"라고 알려주는 역할이었죠. 실제 정보를 얻으려면 링크를 클릭해서 웹사이트에 들어가야 했습니다.

하지만 AI는 '답 자체'를 줍니다. "이게 네가 찾는 정보야"라고 정리된 형태로 제시합니다. 굳이 다른 곳에 갈 이유가 없어집니다. 더구나 AI는 여러 출처의 정보를 종합해서 보여줍니다.

사용자 입장에서는 훨씬 편리합니다. 그러나 웹사이트를 운영하는 기업 입장에서는 상황이 달라집니다.

클릭이 사라지면 무슨 일이 생기나

클릭이 사라진다는 건, 기업에 단순히 방문자 수가 줄어드는 것 이상의 의미가 있습니다.

첫째, 트래픽 감소. 웹사이트 방문자가 줄어듭니다. 열심히 만든 콘텐츠를 아무도 보지 않게 될 수 있습니다.

둘째, 광고 수익 감소. 많은 웹사이트가 방문자 수에 기반한 광고 수익으로 운영됩니다. 방문자가 줄면 광고 수익도 줄어듭니다.

셋째, 브랜드 노출 기회 감소. 웹사이트는 단순히 정보를 제공하는 곳이 아닙니다. 브랜드의 이미지, 가치관, 다른 제품들을 보여주는 공간이기도 하죠. 방문 없이 AI 답변만으로 끝나면, 이런 부가적인 노출 기회가 사라집니다.

넷째, 고객 데이터 수집 어려움. 웹사이트에 방문해야 쿠키를 심거나, 회원가입을 유도하거나, 고객의 행동 데이터를 수집할 수 있습니다. 방문 자체가 없으면 이런 데이터도 얻을 수 없습니다.

실제로 일부 언론사들은 구글 AI 오버뷰 도입 이후 트래픽이 최대 25%까지 감소했다고 보고하고 있습니다. 검색 결과 1위를 차지해도 클릭이 줄어드는 아이러니한 상황이 벌어지고 있는 겁니다.

조용한 혁명

기업 입장에서는 재앙입니다. 아무리 훌륭한 콘텐츠를 만들어도, 아무리 좋은 제품 정보를 홈페이지에 올려놔도 소비자가 클릭하지 않으면 보여줄 수가 없습니다. 검색 결과 1위를 차지해도 의미가 없습니다. 소비자가 검색 결과 페이지 자체를 보지 않으니까요. 20년간 구축해 온 웹 트래픽 전략이 한순간에 아무 의미 없는 노력이 되어버렸습니다.

우리는 이 현상을 '조용한 혁명'이라고 부릅니다. 거창한 발표도 없고, 뉴스 헤드라인을 장식하지도 않습니다. 하지만 매일매일, 수백만 명의 사람들이 조금씩 행동을 바꾸고 있습니다. 네이버 검색창 대신 챗GPT를 열고, 블로그 리뷰를 읽는 대신 AI에게 추천받고, 가격 비교 사이트를 뒤지는 대신 AI에게 "가성비 좋은 거 뭐야?"라고 묻습니다.

결과는 어떻게 되었을까요? 지난 20년간 기업들이 쌓아온 성과가 한순간에 무력화되고 있습니다. 월 수백만 원을 쏟아부었던 네이버 검색 광고비는 이제 허공에 날리는 돈이 되었습니다. 검색 결과 1페이지에 오르기 위해 SEO 전문가를 고용하고, 키워드를 분석하고, 콘텐츠를 최적화했던 모든 노력이 소용없어졌습니다. 왜냐하면 이제 소비자들은 검색 결과 페이지를 열어보지도 않기 때문입니다.

AI가 요약해서 보여주는 답변만 읽고, 거기에 나오지 않는 브랜드는 아예 존재하지 않는 것처럼 취급됩니다. 그 영향으로 한동안 네이버 검색 점유율이 50% 아래로 떨어지기도 했으며, 챗GPT에 일상을 물어보는 사람은 2000만 명을 넘어섰습니다.

더 심각한 것은 앞으로입니다. 쇼핑몰을 운영하는 사장님이 상품의 상세 페이지를 정성껏 만들어도 이제 고객은 아예 페이지를 열어보지 않습니다. AI가 "이 제품 어때?"라는 질문에 대신 답해주기 때문입니다. 기업 홍보팀이 언론에 보도자료를 뿌려도 그 기사를 읽는 사람보다 AI에게 요약을 받는 사람이 더 많아졌습니다.

패러다임이 완전히 바뀐 겁니다. 과거에는 "어떻게 하면 고객이 우리를 찾게 할까?"를 고민했습니다. 이제는 "어떻게 하면 AI가 우리를 선택하게 할까?"를 고민해야 합니다. 게임의 룰 자체가 바뀐 것이죠.

30년 이상 마케팅 업계에서 일해 온 저희가 AI에 대응하기 위한 팀을 만들고 이 책을 쓰기로 결심한 이유도 여기에 있습니다. 이러한 변화는 이미 시작됐고, 점점 빨라지고 있습니다. 준비된 사람과 준비되지 않은 사람, 이 흐름을 이해하는 사람과 이해하지 못하는 사람 사이의 격차는 갈수록 벌어질 겁니다.

세상은 조용히, 하지만 확실하게 바뀌고 있습니다. 이제 우리가 던져야 할 질문은 명확해집니다. 어떻게 해야 AI가 우리 브랜드를 선택하게 할 수 있을까요?

'가성비'를 넘어
'시성비'의 시대로

단순한 답을 넘어, 깊은 이해를 원한다

예전에는 사람들이 단순한 정보를 원했습니다. '서울 날씨' '환율' '영업시간' 같은 것들이요. 검색 결과 페이지에서 필요한 숫자나 사실만 확인하면 됐죠.

하지만 이제 사람들은 '이해'를 원합니다.

"왜 요즘 금리가 계속 오르는 거야? 나한테 어떤 영향이 있어?"

"비트코인이랑 이더리움 차이가 뭐야? 초보자가 투자하려면 어디서부터 시작해야 해?"

"우리 아이가 학교에서 왕따를 당하는 것 같은데 어떻게 대화를 시작해야 할까?"

단답형 정보가 아니라 맥락을 이해하고 나에게 맞는 조언을 원하는 겁니다. 그리고 AI는 바로 이런 질문에 답할 수 있습니다. 검색엔진이 링크 목록을 보여주는 것과 달리 AI는 질문의 맥락을 파악하고 종합적인 답변을 제공하니까요.

새로운 의사결정 방식

의사결정 방식도 달라졌습니다. 예전에는 욕구가 발생하면 검색엔진에 접속해 키워드를 입력하고 결과를 확인했습니다. 결과로 나온 여러 페이지를 비교하고 정보를 종합하여 판단한 뒤 행동했습니다.

하지만 지금은 욕구가 발생하면 AI에게 질문하고 대화하여 답변을 얻습니다. 그리고 바로 행동합니다.

- AI 이전: 욕구 발생 → 검색엔진 접속 → 키워드 입력 → 결과 확인 → 여러 페이지 비교 → 정보 종합 → 판단 → 행동
- AI 이후: 욕구 발생 → AI에게 질문 → 답변 확인 → 행동

중간 단계가 '대화 한 번'으로 압축되었습니다. 탐색과 판단이 하나의 대화에서 동시에 이루어지는 구조입니다.

AI에게 바로 답을 얻고 끝내는 이러한 행동 변화를 저희는 DCA 모델로 정의합니다. DAC는 Desire(욕구), Chat(대화), Action(행동)의 약자로, 의사결정 과정을 AI 시대에 맞게 재해석한 것입니다.

탐색에서 즉답으로

함샤우트 글로벌 AI 연구소가 2185명을 대상으로 조사한 〈ATR 2026〉 리포트에 AI를 사용하는 이유에 대한 답이 있습니다. "생성형 AI를 사용할 때 가장 큰 목적이 무엇입니까?"라는 질문에 압도적 1위로 나온 답변은 이것이었습니다. 바로 '편리함과 시간 절약(36.9%)'입니다.

2위인 '과제·학습 도움(23.9%)'이나 3위 '재미·호기심(17.9%)'을 크게 앞섰습니다. 사람들이 AI를 찾는 가장 큰 이유는 결국 '시간'이었습니다.

시간을 절약하기 위해 AI를 사용하는 사람들을 저희는 '타임 해커Time Hacker'라고 부릅니다. 물리적 시간의 한계를 AI로 돌파하는 사람들이라는 뜻입니다.

타임 해커에게 중요한 건 탐색의 과정이 아니라 즉각적인 결과입니다. 예전처럼 여러 정보를 찾아 비교하고 정리하는 데 시간을 쓰고 싶어 하지 않습니다. 고민할 시간에 실행을 택합니다. 이들은 '시성비'를 추구합니다. 가성비가 '가격 대비 성능'이라면, 시성비는 '시간 대비 성과'입니다.

이들은 AI가 시성비를 충족시켜 준다고 느낍니다. 조사 결과, 실생활 문제 해결을 위해 AI를 쓰는 사람 중 63%가 "AI가 사람보다 낫다"라고 답했습니다. 10명 중 6명 이상이 AI의 도움이 사람에게 물어보는 것보다 낫다고 생각하는 겁니다.

타임 해커 현상이 시사하는 바는 분명합니다. 과거에는 좋은 결정을 내리려면 시간을 많이 써야 했습니다. 정보를 더 많이 모을수록, 더 꼼꼼히 비교할수록 좋은 선택을 할 수 있다고 믿었죠. 그래서 우리는 블로그를 10개씩 읽고, 유튜브 리뷰를 3개씩 보고, 가격비교 사이트 5곳을 돌아다녔습니다.

하지만 이제 AI가 그 과정을 대신합니다. 정보 수집, 비교, 요약을 AI가 해주니까요. 우리에게 남은 건 '질문하고 결정하는 것'입니다.

물론 AI의 답변을 무조건 신뢰해도 되느냐는 별개의 문제입니다. 하지만 적어도 사람들의 행동 패턴은 이미 바뀌고 있습니다. 검색보다 대화를, 탐색보다 즉답을 선택하는 사람들이 늘어나고 있습니다.

우리 엄마도
챗GPT 깔았어요

지브리 열풍, AI 대중화의 결정적 계기

2025년 3월, 챗GPT-4o의 새로운 이미지 생성 기능이 공개됐습니다. 사람들은 챗GPT에 자신의 사진을 올리고 "지브리 스타일로 그려줘"라고 요청하기 시작했습니다. 스튜디오 지브리, 〈센과 치히로의 행방불명〉〈하울의 움직이는 성〉〈이웃집 토토로〉로 유명한 일본 애니메이션 스튜디오의 화풍 말입니다.

결과는 놀라웠습니다. AI가 만들어낸 지브리풍 이미지는 마치 진짜 지브리 영화의 한 장면 같았습니다. 사람들은 너도나도 자신의 얼굴, 반려동물, 가족사진을 지브리 스타일로 변환해 SNS에 올렸습니다. 인스타그램과 X(구 트위터)에는 지브리풍 이미지가 끝없이 올라오고, 카카오톡 프로필은 온통 지브리풍 그림으로 도배되었습니다.

이 열풍이 불과 한 달 만에 챗GPT 한국 사용자를 563만 명이나 늘렸습니다. 월간 활성 사용자 기준으로, 한 달 사이에 563만 명이 새로 유입된 겁니다. 이 사건은 챗GPT가 2025년 4월, 명실상부의 한국 AI 앱 순위 1위 자리를 차지하며 한국에서 AI가 실험 단계를 넘어 대중 플랫폼으로 자리 잡았음을 알리는 분기점이 되었습니다.

5060 삶으로 깊숙이 침투한 AI

저희가 눈여겨본 건 이 열풍의 주인공이 누구냐는 점입니다. 기술에 관심 많은 20~30대 IT 얼리어답터들이 아니었습니다. 오히려 평소 AI에 관심 없던 40대, 50대, 심지어 60대도 이때 처음 챗GPT 앱을 설치했습니다. "얼마 전 가족 여행에서 찍은 사진을 지브리 이미지로 만들어보고 싶어서"라는 이유로요.

이게 중요합니다. 지브리 열풍은 단순히 바이럴 마케팅의 성공 사례가 아닙니다. AI가 더 이상 '기술을 아는 사람들의 전유물'이 아니게 된 결정적 순간이었습니다. 스마트폰이 처음 나왔을 때를 떠올려 보세요. 처음엔 젊은 세대만 스마트폰을 썼지만, 요금이 발생하는 문자 메시지 대신 비용이 발생하지 않는 카카오톡으로 편리한 채팅을 할 수 있게 되면서 부모님 세대까지 스마트폰을 쓰게 됐죠. 챗GPT에게 지브리 열풍은 바로 그 '카카오톡 같은 순간'이었습니다.

변화는 빠르게 일어나고 있다

한국은행 조사에 따르면, 챗GPT 출시 후 불과 3년 만에 이 정도의 활용률을 보인 것은 인터넷이나 스마트폰 보급 속도보다 8배 빠른 수준이라고 합니다. 그만큼 사람들이 이 새로운 방식에 빠르게 적응하고 있다는 뜻입니다.

이 변화가 얼마나 빠르게 일어나고 있을까요?

첫째, 소비자 80%가 AI 검색 결과에 의존합니다.

글로벌 컨설팅 기업 베인앤컴퍼니Bain & Company의 조사에 따르면, 소비자의 약 80%가 검색할 때 40% 이상을 AI 기반 검색 결과에 의존한다고 합니다. 이에 따라 기존 웹사이트로의 유입량이 15~25% 감소했습니다.

둘째, 60%의 검색이 클릭 없이 종료됩니다.

같은 조사에서, 전통적인 검색엔진에서도 약 60%의 검색이 다른 웹사이트로 이동하지 않고 검색 결과 페이지에서 종료되는 것으로 나타났습니다. AI에 회의적인 사용자 중에서도 절반 이상이 이미 검색 결과 페이지에서 바로 답을 얻고 있다는 점이 주목할 만합니다.

셋째, 구글조차 제로 클릭 비율 69%입니다.

구글이 2024년 5월 'AI 오버뷰'를 도입한 이후 클릭 없이 검색 결과 페이지에서 바로 답을 얻는 비율이 56%에서 69%로 증가했습니다. 이제 10번 검색 중 7번은 어떤 웹사이트도 클릭하지 않는다는 뜻입니다. AI 오버뷰를 도입함으로써 구글 스스로도 클릭을 줄이는 방향으로 가고 있습니다.

넷째, 챗GPT 뉴스 질의는 212% 폭증했지만 구글 검색은 5% 감소했습니다.

시밀러웹Similarweb 분석에 따르면, 2024년 1월부터 2025년 5월까지 챗GPT에서의 뉴스 관련 질의가 212% 증가한 반면, 구글의 뉴스 검색은 5% 감소했습니다. 뉴스를 찾는 습관조차 AI로 옮겨가고 있는 겁니다.

다섯째, 25억 명이 구글을 떠났습니다.

가장 충격적인 숫자입니다. 사이트플러그SitePlug 리포트에 따르면, 전 세계 인터넷 사용자의 거의 절반에 해당하는 25억 명이 구글과 같은 전통적 검색엔진에서 벗어나 대안 플랫폼으로 이동하고 있습니다. 챗GPT나 제미나이 같은 AI 검색, 사용자 데이터를 추적하지 않는 프라이버시 중심의 검색엔진, 크롬이나 사파리 대신 쓰는 대안 브라우저 등의 다양한 경로로 분산되고 있는 거죠.

AI는 예상보다 더욱 빠르게 우리 삶 속으로 파고들고 있습니다. 그리고 한번 이 편리함을 경험하고 나면, 다시 예전 방식으로 돌아가기 어렵습니다.

20대와 50대가
같은 플랫폼을 쓴다고?

네이버 대신 구글로, 시장의 판도가 바뀌었다

변화는 검색 시장 데이터에서도 확인됩니다. 우리나라의 모든 정보 탐색이 네이버로 통하던 시절이 있었습니다. 2015년 기준 78%라는 압도적인 점유율로, 구글은 10%도 못 미치는 수준이었죠.

하지만 약 10년 동안 압도적 1위였던 검색 포털 네이버의 시장 점유율이 2025년에는 한동안 50% 이하로 떨어지기도 했습니다. 구글의 점진적인 성장과 함께 생성형 AI가 대중화되었고, AI 서비스가 구글 검색 결과와 빙Bing 검색 결과를 출처로 활용하면서 사용자가 감소한 영향으로 분석됩니다.

조사 기관에 따라 차이가 있지만, 최근에는 구글이 처음으로 50%를 넘어 1위에 올랐다는 통계도 눈에 띄는 것 같습니다. 특히 모바일에서는 구글이 63.2%로 압도적입니다. 물론 AI 때문만은 아닙니다. 하지만 분명한 건, 사람들의 정보 탐색 습관이 빠르게 변하고 있다는 점입니다.

더 주목할 건 이 검색 점유율 통계에 AI 검색은 아직 포함되지 않는다는 사실입니다. 챗GPT, 퍼플렉시티 같은 AI 서비스에서 이루어지는 '대화형 검색'은 기존 검색엔진 통계에 잡히지 않습니다. 실제로 사람들이 정보를 얻는 채널은 통계보다 더 다양해지고 있는 겁니다.

AI 앱 춘추전국시대

실제로 한국에서 AI 서비스 경쟁은 점점 뜨거워지고 있습니다. 챗GPT만 성장한 건 아닙니다. 2026년 2월 기준 와이즈앱·리테일이 발표한 한국 스마트폰 사용자의 AI 앱 순위는 다음과 같습니다.

1. 챗GPT: 2293만 명

2. 제타: 402만 명

3. 그록(Grok) AI: 153만 명

4. 퍼플렉시티: 152만 명

5. 뤼튼: 135만 명

6. 에이닷: 119만 명

7. 크랙: 98만 명

8. 클로드: 77만 명

9. 다글로: 46만 명

10. 제미나이: 44만 명

특히 퍼플렉시티의 빠른 성장이 눈에 띕니다. 퍼플렉시티는 챗GPT와 비슷한 시기에 서비스를 오픈한 웹 검색 기반 AI입니다. 질문을 하면 웹에서 정보를 찾아 AI가 요약 정리해서 제공해 주기 때문에 다양한 출처를 확인하고 최신 정보를 바탕으로 답하는 게 특징입니다.

2023년에는 챗GPT만큼 인기를 끌지는 못했지만, 2024년 SK텔레콤과의 제휴를 시작으로 한국에서 다양한 프로모션을 진행하며 2026년에는 152만 명까지 급성장했습니다. 기업들이 AI 서비스를 고객 혜택으로 활용하기 시작한 것이죠.

현장에서 본 변화

예전에 70여 명의 마케팅 실무자들을 대상으로 강의할 때 있었던 일입니다. 강의 시작 전, 간단한 설문을 했습니다. "평소 정보를 검색할 때 주로 어떤 플랫폼을 쓰시나요?"

결과는 이랬습니다.

- 네이버: 약 40%
- 구글: 약 40%
- AI 검색(챗GPT, 퍼플렉시티 등): 약 20%

네이버와 구글이 반반. 그리고 벌써 5명 중 1명은 AI로 검색을 시작한다는 겁니다. 마케팅 실무자들, 즉 정보 검색에 민감한 사람들 사이에서 이미 AI 검색이 유의미한 비중을 차지하고 있었습니다.

더 흥미로운 건 그다음 질문에 대한 답이었습니다. "전문적인 정보를 찾을 때는 어디서 검색하시나요?" 여기서 AI의 비율이 더 올라갔습니다. 한 참석자가 이렇게 말했습니다.

"전문적인 내용은 오히려 네이버보다 AI가 나아요. 네이버 블로그는 광고성 글이 너무 많아서 걸러내기가 힘든데, AI는 핵심만 정리해 주니까요."

전 세대가 타깃이다

20대와 50대가 같은 플랫폼을 쓴다? 불과 몇 년 전까지만 해도 상상하기 어려운 일이었습니다. 세대마다 정보를 찾는 방식이 완전히 달랐으니까요. 한 디지털 마케팅 리서치에 따르면, 한국인의 검색 습관은 세대별로 확연히 달랐습니다.

20대는 '영상과 이미지의 세대'였습니다. 이들에게 유튜브는 단순한 동영상 플랫폼이 아니라 검색엔진이었습니다. 제품 리뷰도 블로그 글보다 유튜브 영상을 더 신뢰했습니다.

인스타그램은 또 다른 검색 도구였습니다. 여행지를 고

를 때는 '#제주도여행' 해시태그를 뒤지고, 카페를 찾을 때는 '#성수동카페'를 검색했습니다. 텍스트보다 사진과 영상이 훨씬 직관적이고 믿을 만하다고 생각했죠.

30대는 달랐습니다. 이들은 '실용 정보의 세대'였습니다. 육아 커뮤니티에서 유모차를 추천받고, 네이버 부동산으로 아파트 시세를 확인하고, 블로그에서 재테크 정보를 찾았습니다. 유튜브도 물론 봤지만 20대처럼 검색 도구로 쓰기보다는 구체적인 비교 영상을 찾을 때 활용했습니다. '다이슨 무선청소기 vs 삼성 제트' 같은 제품 비교 영상이나 'ISA 계좌 개설 방법' 같은 튜토리얼을 주로 찾았죠.

40대 이상은 '네이버의 세대'였습니다. 뉴스든 쇼핑이든 날씨든 모든 것을 네이버에서 시작했습니다. 온라인 쇼핑을 할 때도 네이버 쇼핑에서 검색해 가격을 비교했고, 건강 정보가 필요하면 네이버 지식인을 찾았습니다. 유튜브는 주로 저녁 시간에 음악을 듣거나, 드라마나 요리 영상을 볼 때 사용했습니다. 검색보다는 오락과 여가를 위한 공간이었죠.

이처럼 같은 '검색'이라는 행위도 세대마다 완전히 다른 플랫폼에서, 다른 방식으로 이루어졌습니다. 마케터는 골

머리를 앓았습니다. 20대 타깃 상품이라면 인스타그램과 유튜브 콘텐츠에 집중해야 했고, 40대 타깃이라면 네이버 블로그와 카페 활동을 해야 했습니다. 하나의 상품을 홍보 하더라도 세대별로 완전히 다른 마케팅 전략과 예산 배분 이 필요했던 겁니다. 하지만 지금은 다릅니다. 세대별로 다 르게 세팅해야 했던 전략과 예산이 이제는 AI 플랫폼 하나 로 이동했습니다.

다음 그래프는 함샤우트 글로벌 산하 AI 연구소에서 조

▪ Q. 생성형 AI를 사용한 경험이 있나요? (단위: %)

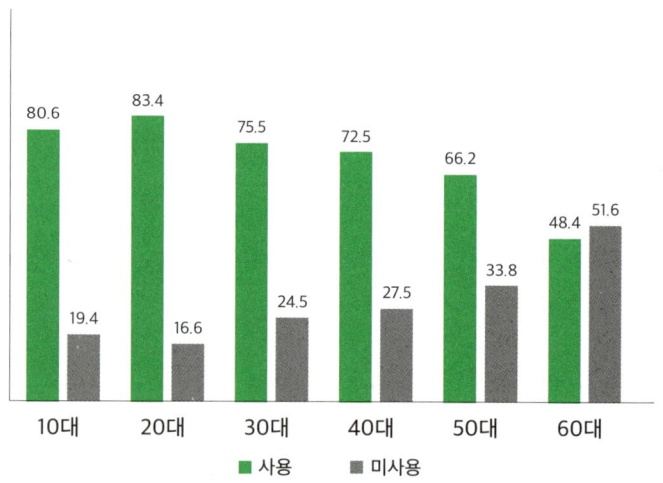

출처: ATR 2026 리포트

사한 ATR 2026 리포트에 따른 세대별 AI 사용률입니다. 예상대로 20대가 가장 높지만, 놀라운 건 세대 간 격차가 생각보다 크지 않다는 점입니다.

30대와 40대의 차이는 불과 3%p입니다. 50대도 3분의 2가 AI를 사용하고 있고, 60대조차 절반 가까이가 AI를 활용합니다. 60대의 절반 가까이가 AI를 사용하고 있다는 것은 AI가 진정한 의미에서 '국민 기술'이 되어가고 있음을 보여줍니다.

인스타그램으로 갈라져 있던 20대와 네이버에 머물던 50대가 이제 같은 곳에서 만나고 있습니다. AI라는 새로운 무대에서요. 이 모든 현상이 말해주는 건 분명합니다. AI는 이제 특정 세대, 특정 직업군만의 도구가 아닙니다.

네이버, 구글이 AI 요약 서비스에 뛰어들며 벌어진 일

검색 결과 위에 등장한 AI

"이상하네요. 네이버 검색하면 저희가 1페이지 상단에 나오는데, 요즘 홈페이지 방문자가 계속 줄어요." 요즘 마케팅 담당자들이 자주 하는 이야기입니다.

검색엔진 최적화(SEO)에 공을 들여서 드디어 검색 결과 1페이지에 올랐습니다. 키워드 광고비도 꾸준히 쓰고 있습니다. 그런데 왜 트래픽은 줄어들까요?

답은 간단합니다. 1페이지보다 더 위에 무언가가 생겼기 때문입니다.

구글을 예로 들어보겠습니다. 2024년 5월, 구글은 AI 오

■ 구글의 AI 오버뷰

버뷰를 도입했습니다. 사용자가 검색하면 기존에 가장 먼저 나오던 파란색 링크 목록 위에 AI가 생성한 요약 답변이 먼저 나타납니다.

'에어컨 필터 청소 방법'을 검색하면, 예전에는 관련 블로그나 홈페이지 링크 10개가 나왔습니다. 사용자는 그중 하나를 클릭해서 정보를 얻었죠.

이제는 다릅니다. 검색 결과 맨 위에 AI가 "에어컨 필터 청소는 다음과 같이 하시면 됩니다. 1단계: 전원을 끄세요. 2단계: 필터를 꺼내세요…"라고 바로 알려줍니다.

사용자는 스크롤도 하지 않고 답을 얻습니다. 그 아래에 있는 블로그? 클릭할 이유가 없어졌습니다.

이 변화가 얼마나 큰 영향을 미칠까요? AI 오버뷰가 나타나면 클릭률이 34.5% 감소했습니다. 30만 개 키워드를 대상으로 한 연구에서 AI 오버뷰가 검색 결과에 나타날 때 최상위 페이지(1위 사이트)의 평균 클릭률이 34.5% 감소하는 것으로 나타났습니다. 즉, 1페이지 1위를 차지해도 AI 오버뷰가 있으면 클릭의 3분의 1 이상이 사라지는 겁니다.

네이버도 마찬가지입니다

'우리는 네이버가 주력이니까 괜찮겠지'라고 생각하실 수 있습니다. 하지만 네이버도 같은 방향으로 가고 있습니다.

네이버는 2024년부터 'AI 브리핑' 'Cue:' 등의 AI 기능을 검색에 통합하는 실험을 진행했고, 2025년부터는 본격적으로 특정 검색어 입력 시 AI가 생성한 요약이 검색 결과 상단에 표시됩니다.

그뿐 아니라 네이버가 2024년 6월 도입한 '플레이스 AI 브리핑' 서비스를 보면, AI가 리뷰를 요약해서 보여줍니다. 사용자는 개별 리뷰를 하나하나 읽을 필요 없이 AI 요약만 보고 결정할 수 있게 됐습니다.

■ 네이버의 AI 브리핑 예시

네이버 측은 이 기능 도입 후 사용자 체류시간이 10.4% 증가하고, 예약·주문이 8% 늘었다고 발표했습니다. 플랫폼 입장에서는 성공입니다. 하지만 개별 가게의 상세 페이지 방문은 줄어들었을 가능성이 높습니다. AI 요약만으로 결정하니까요.

1페이지보다 더 위에 있어야 한다

상황을 정리해 보겠습니다.

과거의 검색 결과 구조	현재의 검색 결과 구조
1. (최상단) 검색 광고	1. (최상단) AI 오버뷰 / AI 요약
2. 자연 검색 결과 1위	2. 검색 광고
3. 자연 검색 결과 2위	3. 피처드 스니펫
⋮	4. 자연 검색 결과 1위
	5. 자연 검색 결과 2위
	⋮

보이시나요? 자연 검색 결과 1위가 밀려났습니다. 이제는 최상단에 떴던 검색 결과 위에 AI 답변과 피처드 스니펫(검색 결과 최상단에 강조 표시되는 답변 박스)이 자리 잡았습니다.

모바일 화면에서는 이 영향이 더 큽니다. 작은 화면에서 AI 오버뷰가 화면 한 면을 가득 채우면, 자연 검색 결과는 스크롤을 내려야 비로소 보입니다. 스크롤을 내리지 않으면 우리 사이트는 존재하지 않는 것과 같습니다.

광고비는 그대로인데 효과는 떨어진다

이 변화는 검색 광고에도 영향을 미칩니다. 검색 광고의 기본 원리는 이렇습니다. 사용자가 특정 키워드를 검색할 때 우리 광고를 노출시키고, 클릭당 비용을 지불합니다. 클릭이 많을수록 비용이 늘지만, 그만큼 잠재 고객이 유입됩니다.

그런데 AI 오버뷰가 있으면 어떻게 될까요? 사용자가 검색합니다. AI 오버뷰에서 답을 얻습니다. 광고를 클릭하지 않습니다. 광고비는 나가지 않았지만, 잠재 고객도 얻지 못했습니다.

더 문제인 건, 경쟁은 여전하다는 점입니다. 클릭 가능한 사용자 풀이 줄었는데, 광고주 수는 그대로입니다. 결과적으로 클릭당 비용CPC은 오르고, 같은 예산으로 얻는 클릭 수는 줄어듭니다. "광고비는 작년과 똑같이 쓰는데, 문의가 줄었어요"라는 말이 나오는 이유입니다.

20년간 디지털 마케팅의 핵심은 SEO였습니다. 좋은 콘텐츠를 만들고, 키워드를 최적화하고, 백링크(다른 웹사이트에서 우리 사이트로 연결하는 링크)를 확보해서 검색 결과 상위에 오르는 것이 우선이었습니다. 가장 첫 페이지 1위에 오르면 엄청난 트래픽을 얻을 수 있었습니다.

이제 이 공식이 흔들리고 있습니다. 검색 결과 1위에 올라도 AI 오버뷰가 그 위에서 답을 제공하면 클릭은 줄어듭니다. SEO는 여전히 중요하지만, 그것만으로는 예전 같은 효과를 기대하기 어려워졌습니다.

새로운 질문이 필요합니다. "검색 결과 1페이지에 어떻게 오를까?"에서 "AI의 답변에 어떻게 포함될까?"로 바뀌어야 합니다.

IBM의 2025년 CMO(최고마케팅책임자) 연구에서 인상적인 표현이 있었습니다. "오늘날 소비자들은 검색하는 것이 아니라 요구하고, 탐색하는 것이 아니라 명령한다. AI 기반 답변 엔진들이 전통적인 웹사이트 도달 이전에 검색 쿼리를 가로채어 즉시 종합된 응답을 제공하고 있다."

검색 쿼리를 '가로챈다'라는 표현이 핵심입니다. 사용자의 질문이 우리 웹사이트에 도달하기 전에, AI가 먼저 답을 해버리는 거죠.

기사 몇 개 나왔어요?

몇 년 전까지만 해도 마케팅 성과를 측정하는 기준은 명확했습니다.

"기사 몇 개 나왔어요?"

보도자료를 배포하면 기사가 나옵니다. 그 기사 수를 세면 성과가 됩니다. 주요 매체에 나왔는지, 지면에 얼마나 크게 실렸는지도 중요했습니다.

"애드 밸류가 얼마예요?"

애드 밸류(AD Value, 광고 환산 가치)라는 지표도 있습니다. "이 기사가 광고였다면 얼마를 내야 했을까?"를 계산하는 겁니다. 기사 크기, 매체 영향력을 종합해서 금액으로 환산합니다.

"이번 달 기사 50개, 애드 밸류 3억 원입니다."

이런 식으로 지표를 확인했습니다. 그런데 최근 기업들의 질문이 달라지고 있습니다. 어느 날 한 기업이 저희에게 물었습니다.

"기사는 많이 나왔는데요. 챗GPT한테 우리 회사 물어보면 뭐라고 나와요?"

직접 챗GPT에 물어봤습니다.

"(클라이언트 회사)가 뭐 하는 회사야?"

챗GPT의 답변은 정확하지 않았습니다. 일부 맞는 내용도 있었지만, 오래된 정보나 부정확한 내용도 섞여 있었습니다.

"기사가 50개 나와도 AI가 우리를 제대로 모르면 무슨 소용이에요? 요즘 고객은 AI에 먼저 물어본다고 하던데."

그 순간 깨달았습니다. 성과 측정의 기준이 바뀌어야 한다는 것을요.

AI가 우리 브랜드를 어떻게 설명하는가?

기존 PR 성과는 어떻게 측정했을까요? 먼저 기사 수를 셌습니다. 보도자료를 배포하면 언론사에서 기사가 나옵니다. 조선일보 3개, 중앙일보 2개, 한겨레 1개… 이런 식으로 개수를 세서 '이번 달 총 50개 기사 게재'라고 측정했습니다. 숫자가 많을수록 좋은 성과였죠. 하지만 이 방식은 양만 측정할 뿐, 그 기사를 실제로 몇 명이 읽었는지, 어떤 영향을 미쳤는지는 알 수 없었습니다.

다음으로 애드 밸류를 계산했습니다. "이 기사가 만약 광고였다면 얼마를 내야 했을까?"를 따져보는 겁니다. 기사 크기, 매체 영향력, 지면 위치 등을 종합해서 금액으로 환산했습니다. '이번 캠페인 애드 밸류 3억 원 달성'이라고

기존 지표	측정 방식	한계
기사 수	보도된 기사 개수	양만 측정, 실제 영향력 불명확
애드 밸류	광고 환산 금액	실제 비즈니스 효과와 괴리 큼
도달률	매체 구독자 및 방문자 수	실제로 읽었는지 확인 불가
톤 분석	긍정·부정·중립 비율	AI 학습·답변 반영 여부와 직접 연결되지 않음

말하면 그럴듯해 보였죠. 하지만 실제로 매출이 늘었는지, 브랜드 인지도가 올라갔는지와는 거리가 멀었습니다.

도달률도 자주 쓰는 지표였습니다. 기사가 실린 매체의 구독자 수나 월간 방문자 수를 합산해서 '총 500만 명에게 도달'이라고 계산했습니다. 하지만 그 500만 명 중 실제로 기사를 읽은 사람은 몇 명일까요? 대부분 클릭조차 하지 않았을 겁니다.

마지막으로 톤 분석을 했습니다. 기사 내용이 긍정적인지, 부정적인지, 중립적인지를 분류하는 겁니다. '긍정 80%, 중립 15%, 부정 5%'처럼 비율로 표시했죠. 브랜드 이미지 관리에는 유용했지만, 그 기사들이 AI에게 학습되어 어떤 답변으로 나오는지까지는 알 수 없었습니다.

이 지표들이 완전히 쓸모없어진 건 아닙니다. 여전히 의미가 있습니다. 하지만 AI 시대에 이것만으로는 부족합니다. 아무리 기사가 많이 나와도, 아무리 애드 밸류가 높아도, AI가 우리 브랜드를 제대로 설명하지 못한다면 실제 고객에게는 닿지 않는 겁니다.

이제는 새로운 질문을 해야 합니다.

"AI가 우리 브랜드를 어떻게 설명하는가?"

AI 시대의 새로운 마케팅 성과 지표

AI 시대에는 홍보의 성과가 달라져야 합니다.

첫째, AI 언급 여부를 확인해야 합니다. 가장 기본적인 질문입니다. "(우리 업종) 추천해 줘"라고 AI에게 물었을 때 우리 브랜드가 언급되는가? 단순하지만 핵심적인 지표입니다.

둘째, 언급이 된다면 정확한지 확인해야 합니다. "(우리 브랜드)가 뭐야?"라고 물었을 때, AI가 정확한 정보를 제공하는가? 틀린 정보는 없는지 오래된 정보를 최신 정보처럼 말하지 않는지 확인해 보세요.

셋째, 언급 순위를 확인해 보세요. 경쟁사와 비교했을 때 우리가 몇 번째로 언급되나요? 같은 질문에 경쟁사 A가 첫 번째, 우리가 세 번째로 나온다면? 개선의 여지가 있다는 뜻입니다.

넷째, 챗GPT, 제미나이, 퍼플렉시티 등 여러 AI에서 일관되게 나오는지도 살펴야 합니다. 한 AI에만 나오고 다른 AI에는 안 나온다면, 정보가 충분히 퍼지지 않았다는 신호입니다.

다섯째, 퍼플렉시티처럼 출처를 보여주는 AI에서 공식 채널이 출처로 인용되고 있나요? 홈페이지, 블로그, 보도자료가 출처로 나온다면 좋은 신호입니다. 체크리스트를 통해 이 지표들을 측정해 보세요.

아마 직접 해보면 생각보다 많은 분들이 놀라실 것입니다. AI가 우리 기업을 모르고 있거나 잘못 알고 있는 경우가 꽤 많기 때문입니다.

자가 점검 체크리스트

☐ **이 변화가 우리에게 어떤 의미인지 이해했는가?**

- 제로 클릭이 우리 사업/커리어에 미치는 영향을 파악했나요?
- 대응의 필요성을 느끼나요?

☐ **AI가 우리를 알고 있는가?**

- 챗GPT, 퍼플렉시티, 제미나이 등에서 우리 브랜드/내 이름을 검색해 봤나요?
- 한 곳에서만 나오거나 아예 모른다고 하지 않나요?

☐ **AI에 나오는 우리 정보가 정확한가?**

- AI에게 우리 회사/나에 대해 물었을 때 정확한 정보가 나오나요?
- 오래된 정보를 최신 정보처럼 말하지는 않나요?

☐ **경쟁자는 어떤가?**

- 같은 질문에 경쟁자는 언급되는데 우리는 안 되나요?
- 그 차이가 왜 생기는지 생각해 봤나요?

☐ **온라인에 우리 정보가 충분한가?**

- 홈페이지에 핵심 정보가 텍스트로 있나요?
- AI가 참고할 만한 콘텐츠(블로그, FAQ 등)가 있나요?

기사 수에서 AI 인용으로

과거에는 "기사 몇 개 나왔어요?"라고 물었다면, 현재는 "AI가 우리를 어떻게 말해요?"라고 묻게 되었습니다. 물론 기사 수도 여전히 중요합니다. 기사가 많이 나와야 AI가 학습할 데이터도 많아지니까요. 하지만 그게 끝이 아닙니다. 기사가 나오고, AI가 그 정보를 학습하고, 사용자 질문에 우리 브랜드가 언급되는 것. 앞으로는 이 전체 과정을 추적해야 합니다.

"이번 달 기사 50개 나왔고요. 챗GPT에서 '(업종) 추천' 검색 시 우리 브랜드가 3위에서 2위로 올랐습니다. 퍼플렉시티에서 우리 홈페이지가 출처로 5회 인용됐습니다."

성과 측정의 새로운 기준입니다.

문제1

2장
AI에 우리 회사가
나오지 않는다면

수십 년 운영한
우리 병원이 안 나오는데요?

한 병원 관련 협회에서 특강을 할 때 있었던 일입니다. 각자의 병원에 대해 챗GPT나 퍼플렉시티에 질문해 본 적이 있냐고 물었습니다. 그리고 강의를 위해 사전에 테스트한 화면을 띄웠죠. 그 화면에는 특정 지역에 특정 질병과 관련된 MRI를 촬영할 수 있는 대학병원을 퍼플렉시티에 추천해달라고 질문하여 생성된 답변이 띄워져 있었습니다.

퍼플렉시티는 딱 4개의 병원만 추천했습니다. 해당 지역에서 수십 년 동안 지역 의료를 책임지던 대학병원 이름은 아예 언급조차 되지 않았습니다. 강의가 끝나고 그 대학병원의 홍보실 실장님이 저희에게 다가와 아연실색하여 물었습니다.

"정말… 저희 병원이 안 나왔습니까?"

왜 오래된 대학병원이 빠졌을까

많은 기업이 이렇게 생각합니다. "우리도 그 분야에서 잘하는데요. 왜 AI는 경쟁사만 추천하죠?"

실력과 AI 노출은 다른 문제입니다. 실력이 좋아도 AI가 모를 수 있습니다. AI는 온라인에 있는 정보로 학습하니까요. 우리가 아무리 잘해도, 그 사실이 온라인에 충분히 존재하지 않으면 AI는 모릅니다. 반대로, AI에게 자주 추천되는 브랜드는 AI가 알 수 있는 형태로 정보가 존재합니다.

병원 에피소드를 들었지만, 이 현상은 우리 모두에게 일어나고 있습니다.

"가성비 좋은 공기청정기 추천해 줘" AI는 3~4개 브랜드만 언급합니다. "서울 강남 맛집 추천해 줘" 5~6개 식당만 언급됩니다. "이력서 잘 쓰는 컨설턴트 추천해 줘" 몇몇 유명인만 나옵니다. "이 분야 전문가로 누가 있어?" 온라인에 정보가 있는 사람만 언급됩니다.

기업의 브랜드만이 아닙니다. 개인의 전문성, 개인의 존재감도 마찬가지입니다. 프리랜서, 컨설턴트, 1인 기업가, 취업 준비생… 온라인에 자신에 대한 정보가 충분하지 않으면 AI는 당신을 모릅니다.

AI의 답변에서 제외되는 이유

그렇다면 수십 년 역사의 대학병원이 AI 추천에서 빠진 이유는 무엇일까요?

역사가 오래됐다고, 실력이 좋다고, 환자가 많다고 AI가 자동으로 알아주는 게 아닙니다. AI는 온라인에 있는 정보를 바탕으로 답변합니다. 아무리 좋은 병원이라도 온라인 정보가 부족하거나 AI가 접근할 수 없는 형태로 되어 있으면 추천 목록에서 제외됩니다.

구체적으로 어떤 경우일까요? 먼저 홈페이지 정보가 오래된 경우입니다. 2010년에 만들어진 홈페이지를 그대로 쓰고 있다면, AI는 최신 정보로 인식하지 못합니다.

두 번째는 전문 분야에 대한 상세한 설명이 없는 경우입니다. '정형외과'라고만 쓰여 있고, 무릎 관절 전문인지, 척추 전문인지, 스포츠 손상 전문인지 구체적으로 나와 있지 않으면 AI는 그 병원의 강점을 파악할 수 없습니다.

세 번째는 온라인에서 언급되는 빈도가 낮은 경우입니다. 뉴스 기사도 없고, 블로그 리뷰도 없고, 소셜 미디어 언급도 없다면 AI는 그 병원이 활발하게 운영되는 곳인지조차 알 수 없습니다.

네 번째는 AI가 접근할 수 없는 형태로 정보가 있는 경우입니다. 의료진 소개가 전부 이미지로 되어 있거나, 로그인을 해야만 진료 과목 설명을 볼 수 있다면 AI는 그 내용을 읽을 수 없습니다.

이 경우라면 AI는 그 병원을 모릅니다. 그리고 모르면 추천하지 않습니다.

반대로, 신생 병원이라도 온라인에 충실한 정보가 있고, 전문 분야를 잘 설명하고 있고, 여러 곳에서 언급되고 있다면 AI의 추천 목록에 오를 수 있습니다. 개원 1년 된 병원이 30년 된 대학병원을 제치고 AI 추천 1순위에 오르는 일이 실제로 벌어지고 있는 겁니다.

이 원리는 병원에만 해당하는 게 아닙니다. 개인에게도 동일하게 적용됩니다. 아무리 뛰어난 전문가여도, 온라인에 그 전문성이 드러나 있지 않으면 AI는 모릅니다. 20년 경력의 베테랑 변호사가 SNS도 안 하고 홈페이지도 방치하고 있다면, AI는 그 변호사를 추천하지 않습니다. 대신 블로그에 법률 정보를 꾸준히 올리고, 유튜브로 법률 상식을 알려주는 3년 차 변호사를 추천할 가능성이 높습니다.

AI에 반복적으로 등장하는 브랜드의 공통점

AI에게 여러 분야의 질문을 해보면, 흥미로운 패턴이 보입니다.

"가슴 보형물 브랜드 추천해 줘."

챗GPT, 제미나이, 퍼플렉시티 어디에 물어도 멘토_{Mentor}가 빠지지 않습니다. 멘토는 가슴 보형물 분야 세계 1위 브랜드입니다. AI에게 물으면 멘토가 거의 항상 가장 먼저 언급됩니다.

"전기차 핵심 소재 만드는 기업은?"

"탄소중립 잘하는 화학 기업은?"

"ESG 경영 잘하는 화학 소재 기업은?"

이렇게 질문하면 AI의 답변에는 LG화학이 빠지지 않습니다.

같은 브랜드가 여러 AI에서, 여러 질문에서 반복적으로 등장하는 건 우연이 아닙니다. 분명한 패턴이 있습니다. 이 브랜드들의 공통점을 살펴보면 다음과 같습니다.

첫째, 해당 분야에서 압도적인 존재감이 있습니다.

멘토는 가슴 보형물 세계 1위입니다. LG화학은 한국 화학 산업의 대표 기업입니다. 단순히 '잘하는 회사'가 아니라, 해당 분야를 대표하는 위치에 있습니다.

둘째, 온라인에 정보가 풍부합니다.

이 브랜드들은 공식 홈페이지, 뉴스 기사, 학술 자료, 리뷰, 커뮤니티 등 다양한 곳에서 언급됩니다. AI가 학습할 수 있는 정보가 풍부합니다.

셋째, 신뢰할 수 있는 출처에서 반복적으로 언급됩니다.

언론 기사, 업계 보고서, 전문가 인터뷰 등 신뢰도 높은 출처에서 꾸준히 언급됩니다. AI는 이런 출처의 정보를 더 신뢰합니다.

넷째, 정보가 일관되고 명확합니다.

회사가 뭘 하는지, 어떤 제품이 있는지, 어떤 강점이 있는지가 여러 곳에서 일관되게 설명됩니다. AI가 혼란 없이 이해할 수 있습니다.

AI가 특정 브랜드를 '기억'하는 이유

AI가 학습하는 과정을 떠올려 봅시다. AI는 인터넷의 수많은 텍스트를 읽습니다. 그 과정에서 패턴을 학습합니다.

'가슴 보형물'이라는 단어와 함께 '멘토'가 수천 번, 수만 번 등장하면, AI는 이 둘을 강하게 연결합니다. 누군가 "가슴 보형물 추천해 줘"라고 물으면, AI는 자연스럽게 멘토를 떠올립니다.

'전기차 배터리'와 함께 'LG화학'이 반복적으로 언급되면, 전기차 배터리 질문에 LG화학이 등장합니다.

이건 AI가 의도적으로 특정 브랜드를 밀어주는 게 아닙니다. 데이터의 패턴을 그대로 반영하는 것뿐입니다.

여기서 흥미로운 현상이 발생합니다. AI에게 자주 추천되는 브랜드는 → 더 많은 사람들에게 노출되고 → 더 많이 검색되고 → 더 많은 콘텐츠가 생기고 → AI가 더 자주 추천합니다. 선순환입니다.

반대로, AI에게 추천되지 않는 브랜드는 → 노출이 줄고 → 검색도 줄고 → 새 콘텐츠도 적어지고 → AI가 더 모르게 됩니다. 악순환입니다.

이 구조를 이해하면, 왜 지금 시작하는 게 중요한지 알 수 있습니다. 늦을수록 격차는 벌어집니다.

AI가 추천하는 건 소수입니다

이것이 지금의 냉혹한 현실입니다. AI의 답변에 포함되면 압도적인 노출을 얻고, 포함되지 않으면 아무것도 얻지 못합니다.

여기까지 읽다 보면 "멘토, LG화학은 이미 대기업이거나 업계 1위인데, 우리 같은 중소기업이 그렇게 될 수 있을까?"라는 생각이 드는 것도 당연합니다. 하지만 이미 앞에서 말했듯 규모가 작아도 가능합니다.

핵심은 해당 분야에서의 존재감입니다. 전체 시장에서 1위가 아니어도 됩니다. 특정 세분화된 분야, 특정 지역, 특정 고객층에서 전문성을 보여주면 됩니다.

'층간소음 바닥재'라는 큰 시장에서 1위가 아니어도, '반려동물 가정용 바닥재'라는 세분화된 영역에서 전문성을 보여줄 수 있습니다.

이제 구체적인 해결 전략을 배워보겠습니다.

챗GPT, 제미나이, 퍼플렉시티에
우리 브랜드 물어보기

같은 질문을 여러 AI에게 해본 적 있으신가요? 챗GPT, 제미나이, 퍼플렉시티 각각에 "가성비 좋은 공기청정기 추천해 줘"라고 질문을 입력해 보면 흥미로운 결과가 나옵니다.

같은 질문, 다른 답변

■ 챗GPT의 답변

> 가성비 좋은 공기청정기 추천해줘.

아래는 가성비 좋은 공기청정기 추천이에요 — 예산과 용도별로 골라볼 수 있도록 정리했어요 👇

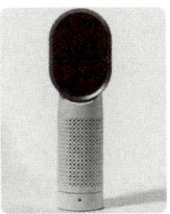
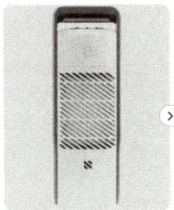

LG 퓨리케어 360° 공기청정기 Hit
₩379,000 · LG전자

미니 공기청정기 POUT NOSE1
₩69,000 · 롯데하이마트

아임삭 에어버미니 Airbe Mini 공기청정기
₩143,000 · 롯데ON

💡 **중형~거실용 (가정용 메인)**
- **LG 퓨리케어 360° 공기청정기 Hit:** 한국 리뷰에서도 가성비 좋은 가정용 모델로 자주 추천되는 제품이에요. 자동 공기질 센서, 넓은 커버력, 비교적 합리적인 가격대가 장점입니다 (거실·안방용).
  소니쇼핑 적어요...

🛏 **소형 방/원룸용 (가성비 추천)**
- **미니 공기청정기 POUT NOSE1 (~₩69,000):** 소형 방 또는 책상 옆에 두기 좋은 초소형 모델 — 가격 부담 적고 기본적인 먼지/냄새 제거에 적합.
- **아임삭 에어버미니 Airbe Mini 공기청정기 (~₩143,000):** 소형이지만 조금 더 안정적인 성능과 디자인을 원하는 경우 선택지로 좋아요.
- **소형 탁상용 공기청정기 (~₩57,500):** 가장 저렴한 입문용 소형 공기청정기 — 가격 대비 기본 성능만 필요할 때.

♨ **기타 가성비 옵션**
- **코웨이 공기청정기:** 다양한 소형 공기청정기 라인업이 있어 가성비 좋은 모델로 종종 거론됩니다.
  소니쇼핑 적어요...
- **오아 퓨어 공기청정기:** 단순 구조의 저렴한 모델로, 소형 공간에 가볍게 두기 좋아요.
- **13평 코어 360° 공기청정기:** 매우 저렴한 면제품형/기초형 공기청정기 선택지로 참고할 수 있어요.

- - - - - - - - - - - - - - - -

✈ **선택 팁**
- **공간 크기 확인:** 거실이나 넓은 방은 커버 면적 큰 모델, 작은 방이나 책상용은 소형 모델로!
  AirPurifierCalcul...
- **필터 종류:** *True HEPA* 필터가 미세먼지 제거에 효과적입니다. Notdet
- **추가 기능:** 자동 센서, 스마트 모드, 저소음 모드 등은 편의성을 높여줍니다. WIRED

원하시면 **예산별 추천(예: 10만/20만/30만 원 이하)**이나 **공간 크기별 추천(원룸/거실/아이방)**로도 정리해 드릴까요?

- 제미나이의 답변

가성비 좋은 공기청정기 추천해줘.

◆ 공기청정기는 단순히 비싼 제품보다는 **사용할 공간의 면적과 필터 교체 비용**을 고려하는 것이 가장 중요합니다. 2026년 현재 기준으로 성능이 검증되면서도 가격 부담이 적은 '가성비' 모델 3가지를 추천해 드릴게요.

1. 삼성전자 블루스카이 3100 (AX033B310)

"대기업 서비스와 합리적 가격의 만남"

- **추천 대상**: 5~10평 내외의 침실, 아이 방, 원룸
- **특징**: 10~20만 원대의 저렴한 가격에 삼성의 A/S를 받을 수 있다는 것이 최대 장점입니다. 극세필터, 숯 탈취필터, 미세먼지 집진필터의 3단계 청정 시스템을 갖추고 있습니다.
- **장점**: 콤팩트한 사이즈, SmartThings 앱 연동 가능, 소음이 적음.

2. LG전자 퓨리케어 360˚ Hit (AS153HWWC)

"성능과 브랜드 신뢰도를 모두 잡고 싶을 때"

- **추천 대상**: 10~15평형의 거실이나 큰 방
- **특징**: 상위 모델인 '알파' 라인의 기술력을 유지하면서 부가 기능(인공지능 등)을 줄여 가격을 20~30만 원대로 낮춘 실속형 모델입니다. 360도 모든 방향에서 공기를 흡입합니다.
- **장점**: PM 1.0 센서 탑재로 극초미세먼지까지 정밀 감지, 세련된 디자인.

3. 샤오미 미에어 4 Lite (AC-M17-SC)

"압도적인 초기 구매 비용 절감"

- **추천 대상**: 8~13평형, 극강의 가성비를 추구하는 사용자
- **특징**: 10만 원 초반대라는 놀라운 가격을 자랑합니다. 필터 성능도 H13 등급으로 미세먼지 제거라는 본연의 기능에 매우 충실합니다.
- **장점**: Mi Home 앱의 뛰어난 사용성, 사각형 디자인으로 공간 활용도가 높음.

💡 구매 전 체크리스트

구분	내용
권장 사용 면적	실제 공간 면적보다 **1.5배~2배** 큰 용량을 선택해야 빠르게 공기가 정화됩니다.
필터 등급	미세먼지 99.9% 제거를 위해 **H13 등급** 이상인지 확인하세요.
유지 관리	필터는 보통 6개월~1년 주기로 교체하므로, **교체 필터의 가격도** 미리 확인하는 것이 좋습니다.

⊞ Sheets로 내보내기　　　　　　　　　　　　　　　　　　　🗐

혹시 공기청정기를 **사용하실 공간의 평수**나 **반려동물 유무**를 알려주시면 더 딱 맞는 제품을 좁혀서 추천해 드릴 수 있는데, 더 자세히 도와드릴까요?

■ 퍼플렉시티의 답변

⊛ 답변 ⊕ 링크 ⊟ 이미지

가성비 좋은 공기청정기는 초기 가격뿐 아니라 필터 교체 비용과 CADR(청정공기 공급률) 성능을 고려해 선택하는 것이 핵심입니다. 서울 Mapo-gu처럼 미세먼지가 잦은 지역에서 가족용으로 안전하고 유지비 낮은 제품이 적합하며, 2026년 기준 삼성, 샤오미, 위닉스 모델이 인기입니다. kajeon-alimi.tistory +1

추천 모델 비교

모델	가격대 (만원)	청정 면적	필터 특징 및 유지비	주요 장점
삼성 블루스카이 3100	13~16	10평	H13 헤파, 연 3~5만 kajeon-alimi.tistory +1	AS 우수, 앱 연동, 저소음 kajeon-alimi.tistory ▶ youtube
샤오미 미에어 4 Lite/Pro	17~29	8~13평	고효율 H13급, 연 2.9~4만 (저렴) kingguide +2	스마트 앱, CADR 높음 kajeon-alimi.tistory +1
위닉스 재로 S	20~25	13평	마이크로 집진, 연 3~4만 호환 가능 kajeon-alimi.tistory +1	정화력 강함, 사용자 만족도 1위 kajeon-alimi.tistory ▶ youtube

이 모델들은 CA 인증을 받은 제품으로 미세먼지 제거율이 높고, 10평대 원룸이나 안방에 적합합니다. nosearch +1

선택 팁

- 면적 맞춤: 10평 이하라면 CADR 150+ 제품 선택, 전기세 연 8천~1.6만 원 수준. news.kbs +1
- 유지 관리: 필터 6~12개월 교체, 호환 필터로 비용 30% 절감 가능. flotempler +1
- 추가 고려: 앱 제어와 저소음(20~30dB) 우선, 쿠팡 등에서 카드 할인 확인. ▶ youtube 🗏 library

⤾ ⤓ ⎘ ⇄ ⬤⬤⬤ 21 출처   👍 👎 ⋯

왜 AI마다 다른 브랜드를 말할까?

어떤가요? 같은 질문인데 AI마다 답변이 다 다릅니다. AI마다 다른 브랜드를 추천하는 데에는 몇 가지 이유가 있습니다.

첫째, 학습 데이터가 다릅니다. 각 AI는 서로 다른 시점에, 서로 다른 데이터로 학습했습니다. 챗GPT가 2025년 상반기까지의 데이터로 학습했다면, 제미나이는 그보다 최신 데이터를 포함했을 수 있습니다. 게다가 퍼플렉시티는 실시간 웹 검색을 결합하기 때문에 더 최신 정보를 반영할 수 있습니다.

둘째, 정보 처리 방식이 다릅니다. 어떤 AI는 사용자 리뷰를 중시하고, 어떤 AI는 전문가 평가를 더 신뢰합니다. 어떤 AI는 가격 정보에 민감하고, 어떤 AI는 브랜드 인지도를 더 반영합니다.

셋째, 출처의 범위가 다릅니다. 퍼플렉시티처럼 실시간 웹 검색을 하는 AI는 최신 블로그 글이나 뉴스까지 반영합니다. 반면 챗GPT는 학습된 지식에 더 의존합니다.

결과적으로, 어떤 AI를 쓰느냐에 따라 추천받는 브랜드가 달라집니다. 그리고 사용자는 대부분 한 AI만 사용합니다.

AI가 아는 브랜드와 사람의 특징

그렇다면 여러 AI에서 공통적으로 언급되는 브랜드(또는 개인)는 어떤 특징이 있을까요?

첫째, 온라인에 정보가 풍부합니다. 삼성, LG, 샤오미 같은 브랜드는 공식 홈페이지, 뉴스 기사, 리뷰 블로그, 유튜브 영상, 포럼 토론 등 다양한 곳에서 언급됩니다. AI는 이런 다양한 출처에서 반복적으로 등장하는 브랜드를 '신뢰할 만하다'라고 판단합니다.

개인도 마찬가지입니다. 링크드인 프로필, 개인 블로그, 기고문, 인터뷰, 강연 영상 등 여러 곳에 정보가 있는 전문가가 AI에게 언급될 가능성이 높습니다.

둘째, 구조화된 정보가 있습니다. 제품 스펙, 가격, 장단점이 명확하게 정리된 페이지가 있으면 AI가 이해하기 쉽습니다. "이 제품은 CADR 수치가 300이고, 소비전력은 50W이며, 가격은 30만 원대입니다"처럼 명확한 정보가 있으면 AI가 비교 추천을 하기 수월합니다.

셋째, 여러 곳에서 긍정적으로 평가됩니다. 한 곳에서만 극찬하는 것보다, 여러 리뷰 사이트, 블로그, 커뮤니티에서 일관되게 좋은 평가를 받는 브랜드가 AI에게 선택될 확률이 높습니다.

넷째, 최신 정보가 있습니다. AI는 2020년 정보만 있는 브랜드보다, 2025년, 2026년 정보가 계속 업데이트되는 브랜드를 더 신뢰합니다.

이러한 조건을 충족하지 않는 브랜드 혹은 개인이라면 AI는 언급하지 않습니다.

AI 인지도 파악하기

그렇다면 AI가 나를 혹은 우리 브랜드를 알까요? 직접 확인해 봅시다. 이 실험만으로도 'AI 인지도'를 대략 파악할 수 있습니다.

1. 브랜드/이름 직접 질문

- 챗GPT, 제미나이, 퍼플렉시티에 "(브랜드명 또는 본인 이름)이 뭐야?"라고 물어보세요.
- AI가 정확하게 설명하나요? 틀린 정보는 없나요? 아예 모른다고 하나요?

2. 카테고리 추천 질문

- "(업종/분야) 추천해 줘" 또는 "(분야) 전문가로 누가 있어?"라고 물어보세요.
- 우리 브랜드 또는 내가 추천 목록에 포함되나요? 경쟁사나 경쟁자는 나오는데 우리만 빠져 있나요?

---

3. 여러 AI 비교

- 여러 AI에게 같은 질문을 3~4개 해보세요.
- 일관되게 나오나요? 어떤 AI에서만 나오고 어떤 AI에서는 빠지나요?

AI가 우리를 무료로 광고해 준다

AI가 브랜드나 개인을 '안다'는 건 단순한 인지를 넘어섭니다.

사용자가 "공기청정기 추천해 줘"라고 물을 때, AI의 답변에 우리 브랜드가 포함되면 그건 무료 광고와 같습니다. 그것도 사용자가 가장 구매 의향이 높은 순간에 노출되는 광고입니다. "이 분야 전문가가 누구야?"라고 물었을 때

내 이름이 나온다면 어떨까요? 새로운 기회가 열리는 것과 같습니다.

반면 AI가 우리 브랜드나 나를 모르면 존재하지 않는 것과 같습니다. 사용자는 AI가 추천한 것만 고려하고, 우리는 고려 대상에서 아예 빠집니다.

검색 시대에는 검색 결과 1페이지에 있으면 어느 정도 기회가 있었습니다. 하지만 AI 시대에는 AI의 답변에 포함되느냐 아니냐가 결정적입니다.

10분 만에 끝내는
3단계 브랜드 진단법

당장 오늘부터 무엇을 해야 할까요? 가장 먼저 해야 할 일은 현재 상태를 점검하는 것입니다. 우리 브랜드가 AI에게 어떻게 보이고 있는지 알아야 개선할 수 있으니까요. 복잡하지 않습니다. 10분이면 충분합니다.

지금 책을 읽고 있는 바로 이 순간, 스마트폰이나 컴퓨터를 켜서 함께 따라 해보세요. 준비물은 간단합니다. 스마트폰이나 컴퓨터, 10분의 시간, 그리고 메모할 수 있는 것(종이든 메모앱이든)만 있으면 됩니다. 특별한 도구나 기술, 지식은 필요 없습니다.

10분 진단법: 3단계로 확인하기

1단계. AI 플랫폼에 접속해서 물어보기

최소 두 개 이상의 AI 서비스에 접속하세요. 챗GPT, 구글 제미나이, 퍼플렉시티 모두 무료로 사용할 수 있습니다.

☐ 챗GPT(chat.openai.com): 전 세계에서 가장 많이 쓰는 AI

☐ 제미나이(gemini.google.com): 구글이 만든 AI

☐ 퍼플렉시티(perplexity.ai): 출처를 명확히 보여주는 AI 검색

☐ 그록(grok.com): 소셜 미디어 X를 운영하는 xAI가 만든 AI

왜 여러 플랫폼에서 확인해야 할까요? AI마다 학습한 데이터와 답변 방식이 조금씩 다릅니다. 챗GPT에는 나오는 검색 결과가 제미나이에는 안 나올 수도 있습니다. 그러므로 여러 AI를 확인해야 전체 상황을 객관적으로 파악할 수 있습니다.

처음이라면 챗GPT와 퍼플렉시티 두 곳에만이라도 "(우리 브랜드명)이 뭐야?"라고 물어보세요. 퍼플렉시티는 100% 출처를 보여주기 때문에 우리 정보가 어디서 인용됐

는지 확인하기 좋습니다.

진단 결과 두 군데 이상의 AI에서 우리 회사가 언급되었고 정보도 정확하다면 좋은 상태입니다. 더 자주 언급되도록 순위를 높이는 데 집중하면 됩니다.

하지만 일부 AI에서만 언급되었거나 정보에 오류가 있거나 아니면 아예 어디에서도 우리 회사가 언급되지 않는다면 시급한 대응이 필요합니다.

2단계. 기본 질문 던져보기

각 AI에 다음과 같은 형태로 질문해 보세요. 우리 업종에 맞게 바꿔서 물어보면 됩니다.

질문은 크게 다섯 가지 유형으로 해볼 수 있습니다. 첫째는 업종별 추천 질문입니다. "(업종/카테고리) 추천해 줘" 형식으로 물어보세요. "강남역 근처 영어학원 추천해 줘" "가성비 좋은 공기청정기 추천해 줘" "신혼부부 인테리어 업체 추천해 줘" 같은 질문입니다.

둘째는 문제 해결형 질문입니다. "(문제 상황)일 때 어디가 좋아?" 형식으로 물어보세요. "토익 점수 급하게 올려야 하는데 어디가 좋아?" "층간소음 심한데 바닥재 뭐로 바꿔야 해?" "홈페이지 만들려는데 어느 업체가 좋아?" 같은 질문이 여기에 해당합니다.

셋째는 비교 요청 질문입니다. "(제품/서비스) 비교해 줘" 형식으로 "프리미엄 공기청정기 브랜드 비교해 줘" "강남 대형 영어학원 비교해 줘" 처럼 물어볼 수 있습니다.

넷째는 지역 기반 질문입니다. "(지역)에서 (서비스) 어디가 좋아?" 형식으로 "판교에서 헬스장 추천해 줘" "부산 해운대에서 필라테스 추천" 처럼 물어보세요.

다섯째는 특정 상황 질문입니다. "(구체적 상황 설명)하고 싶은데 추천해 줘" 형식으로 "직장인인데 퇴근 후 다닐 수 있는 학원 추천" "아이가 아토피인데 공기청정기 뭐가 좋아?" 같은 질문입니다.

질문 템플릿

☐ **질문 1: "(우리 브랜드명)이 뭐야?" 또는 "(우리 회사명) 알아?"**

예시: "함샤우트 글로벌이 뭐야?"

예시: "○○세무회계가 어떤 곳이야?"

□ **질문 2: "(업종/카테고리) 추천해 줘"**

예시: "가성비 좋은 청소기 추천해 줘."

예시: "신혼부부 인테리어 업체 추천해 줘."

□ **질문 3: "(문제 상황)일 때 어디가 좋아?"**

예시: "특허 출원 처음 하는데 어디 가야 해?"

예시: "강아지 피부병 치료 잘하는 동물병원 추천해 줘."

□ **질문 4: "(제품/서비스 종류) 비교해 줘"**

예시: "프리미엄 공기청정기 브랜드 비교해 줘."

예시: "중소기업용 회계 프로그램 비교해 줘."

□ **질문 5: "(지역)에서 (서비스) 어디가 좋아?"**

예시: "판교에서 헬스장 추천해 줘."

예시: "부산 해운대에서 필라테스 추천."

□ **질문 6: "(구체적 상황 설명)하고 싶은데 추천해 줘"**

예시: "직장인인데 퇴근 후 다닐 수 있는 학원 추천해 줘."

예시: "아이가 아토피인데 공기청정기 뭐가 좋아?"

3단계. 결과 기록하기

각 AI의 답변을 메모하면서 세 가지를 확인합니다.

첫째, 우리 브랜드가 언급되었는지 확인하세요. 언급되었다면 몇 번째로 나왔는지, 어떤 맥락에서 언급되었는지 기록합니다. 언급되지 않았다면 어떤 경쟁사가 대신 나왔는지 확인하세요.

둘째, 언급된 정보가 정확한지 확인합니다. 정확한지, 일부 틀린 부분이 있는지, 완전히 틀렸는지를 판단하고, 틀린 부분이 있다면 어떤 내용이 잘못되었는지 구체적으로 기록하세요.

셋째, 출처가 표시되는지 확인합니다. 최근에는 AI 모델들의 성능이 매우 좋아져서 무료로 가입한 계정이라도 대

AI 플랫폼	우리 브랜드 언급?	몇 번째로 언급?	경쟁사는 누구?	정보가 맞나?
챗GPT	□예 □아니오			□정확 □틀림
제미나이	□예 □아니오			□정확 □틀림
퍼플렉시티	□예 □아니오			□정확 □틀림
그록	□예 □아니오			□정확 □틀림

부분 답변의 출처를 보여줍니다. 우리 홈페이지가 출처로 나오는지, 언론이나 블로그 같은 다른 곳이 출처인지, 아니면 출처가 아예 없는지 확인하세요.

실제 진단 예시

한 중소형 영어학원의 사례를 보여드리겠습니다.

"강남역 근처 직장인 영어학원 추천해 줘."

시장에서 내 브랜드가 존재하는지 그렇지 않은지를 바로 알 수 있는 간단한 진단 방법입니다. 질문은 우리 서비스를 필요로 하는 사람이라면 누구나 쉽게 생각할 수 있는 평범한 질문이면 충분합니다. 보통 AI에게 질문을 건네는 사람들은 '검색 결과 리스트'가 아니라 AI가 선택해서 잘 정리해 준 몇 개의 후보를 기대하겠죠. 그런데 여기서 한 번 빠지면 중요한 고객의 머릿속에서 우리는 후보군이 되지 못하고 통째로 제외되게 됩니다.

1. 챗GPT 답변

챗GPT는 총 5개의 학원을 추천했습니다. Language Studio 랭스영 영어회화스터디나 딱이만큼영어연구소 같은 중소 강남역 근처 직장인용 영어학원 몇 곳 추천. 수업 형태(회화, 소규모, 직장인 맞춤) 확인하고 선택하는 게 중요하다.

추천 영어학원

1. Language Studio 랭스영 영어회화스터디

- 강남역 인근 직장인 후기 좋은 영어회화 스터디/학원.
- 소규모 회화 중심이라 대화량 많고 실전 연습에 유리함.

2. 강남 직장인 영어학원 [딱이만큼영어연구소]

- 직장인 대상 회화/실전 영어 위주 프로그램 제공.
- 수업 시간이 상대적으로 유연해서 퇴근 후 수강 가능.

3. 해커스 어학원 (서초/강남권)

- 실전 회화 및 비즈니스 영어 커리큘럼이 체계적이라 직장인 수강자 많음. 클래이LEE
- 강남 일대 지점이 있어 접근성 좋음.

4. 파고다 어학원 (강남/서초권)

- 초급부터 고급까지 레벨별 커리큘럼과 원어민 수업 옵션 다양. 클래이LEE
- 평일 저녁/주말반 있어 직장인에게 적합.

5. Park Coach English Training Center (강남구)

- 성인 대상 회화 중심 영어교육 제공하는 센터. WorknPlay
- 원어민 + 한국인 강사진 구성이 장점.

선택 팁

- **직장인 시간대**: 저녁/주말반 여부 확인.
- **회화 집중**: 현장 회화 실습 많은 곳이 실력 향상에 효과적.
- **소규모/1:1**: 발화 기회가 많아 빠른 개선 가능.
- **무료 체험**: 가능하면 체험 수업 먼저 듣고 결정.

추가로 비즈니스 영어, 토플/IELTS 등 목적별 코스도 고려하면 목표에 더 맞는 학습이 된다. play.info.kakao.c…

형 학원부터 해커스, 파고다 같은 대형 브랜드까지 섞여 있습니다.

각 학원의 특징을 한두 문장으로 간단히 설명하고, 마지막에 "직장인 시간대를 확인하세요" "회화 집중 여부를 체크하세요" 같은 선택 팁을 별도로 제공했습니다. 다양하게 보여주는 듯하지만 실제로는 이미 우리가 웹상에서 쉽게 볼 수 있는 이름들을 조합해서 안전하게 제공한 것으로 해석할 수 있습니다.

여기서 우리 브랜드가 빠졌다면, 챗GPT가 참고할 만한 '반복 노출 신호'가 부족했다고 생각하면 됩니다.

2. 제미나이 답변

제미나이는 3개 학원을 선정해서 훨씬 상세하게 설명했습

Google 지도 ∨

강남역 인근에는 바쁜 직장인들의 스케줄과 학습 니즈에 맞춘 다양한 영어학원들이 있습니다. 대형 어학원부터 1:1 맞춤형, 스터디형까지 주요 추천 학원들의 특징과 실제 직장인 수강생들의 후기를 정리해 드립니다.

1. 월스트리트 잉글리시 (강남센터)

- **특징**: 100% 영어 환경을 지향하며, 정해진 시간표 없이 **자유로운 스케줄링**이 가능해 갑작스러운 야근이 잦은 직장인에게 유리합니다. 소수정예 수업과 다양한 소셜 클럽(문화 체험)이 강점입니다.
- **후기**: "퍼스널 튜터가 스케줄 관리를 꼼꼼히 해줘서 끝까지 다니기 편하다", "센터 내 분위기가 밝고 외국인 강사와 자유롭게 이야기할 수 있어 어학연수 온 기분이다"라는 평이 많습니다.

2. 파고다원 (강남센터)

- **특징**: 1:1 프라이빗 수업 전문으로, 비즈니스 미팅, 이메일 작성 등 본인의 업무에 바로 필요한 내용을 배울 수 있습니다. 1:1 수업을 들으면 그룹 수업을 무료로 제공하는 혜택이 있습니다.
- **후기**: "내 니즈에 맞춰 선생님이 대화를 이끌어주셔서 실력이 부족해도 부담 없다", "앱으로 수업 연기나 보강이 간편해 바쁜 직장인이나 워킹맘에게 딱이다"라는 만족도가 높습니다.

3. YBM어학원 (강남센터)

- **특징**: 토익뿐만 아니라 회화 프로그램도 매우 다양합니다. **새벽반(오전 7시~)**과 **저녁반**이 잘 세분되어 있어 출퇴근 시간을 활용하기 좋습니다.
- **후기**: "기초가 부족한 경우 레벨별 커리큘럼이 체계적이라 좋다", "비즈니스 영작문 수업의 경우 실제 업무에서 쓰는 메일이나 회의 표현을 교정받을 수 있어 유익하다"는 평이 있습니다.

니다. 월스트리트 잉글리시, 파고다윈, YBM어학원을 소개하면서 각각의 특징뿐 아니라 실제 수강생 후기까지 함께 제공했습니다. "100% 영어 환경을 지향하며 자유로운 스케줄이 가능합니다" "1:1 수업을 들으면 그룹 수업을 무료로 제공하는 레벨이 있습니다" 같은 구체적인 정보와 함께 "퍼스널 튜터가 스케줄 관리를 꼼꼼히 해줘서 끝까지 다니기 편하다"라는 식의 후기를 덧붙였습니다.

제미나이가 답변을 정리할 때 형식적이고 일관된 소개 문구, 반복적으로 인용 가능한 특징을 가진 구조화된 근거를 선호한다는 것으로 해석할 수 있습니다. 여기에 우리 브랜드가 없다면 이러한 구조화된 정보를 제공할 만큼 확실한 근거가 부족했다고 볼 수 있습니다.

3. 퍼플렉시티 답변

퍼플렉시티는 지도와 함께 결과를 보여줬습니다. 강남역 주변 지도에 해커스어학원 강남역캠퍼스, YBM어학원 강남센터, 파고다어학원 강남점 등이 핀으로 표시되어 있고, "강남역 근처에서 직장인이 다니기 좋은 영어학원은 해커스어학원 강남역캠퍼스, YBM어학원 강남센터, 파고다어

파고다어학원 강남점
대한민국 서울특별시 서초...
★ 4.5 (62)

해커스어학원 강남역...
대한민국 서울특별시 서초...
★ 4.1 (42)

YBM어학원 강남센터
대한민국 서울특별시 강남...
★ 4.1 (34)

더 많은 장소 보기 →

강남역 근처에서 직장인이 다니기 좋은 영어학원은 해커스어학원 강남역캠퍼스, YBM어학원 강남센터, 파고다어학원 강남점 정도를 먼저 보시는 걸 권장한다. 모두 강남역 도보권에 있고, 야간·주말 과정과 직장인 대상 커리큘럼이 잘 갖춰져 있다. naver +4

직장인에게 추천 학원

- 해커스어학원 강남역캠퍼스 본관: 토익·토스뿐 아니라 종합적인 영어 실력 향상을 목표로 하는 직장인 수강 후기가 많고, 평일 저녁·주말 집중반이 잘 되어 있다. 강남역 인근에 여러 강의동이 있어 선택지가 많은 편이다. naver +2
- YBM어학원 강남센터: 회화·비즈니스 영어·토스 등 직장인 맞춤 과정이 다양하고, 강남대로 바로 앞이라 출퇴근길에 들르기 좋다. 온라인·오프라인 병행 옵션도 제공한다. kangnam.ybmedu +1
- 파고다어학원 강남점: 강남대로에 위치한 대형 어학원으로 회화, 시험영어, 비즈니스 과정 등 폭넓은 커리큘럼과 온라인 수업 옵션을 제공한다. 직장인 야간·주말반 선택 폭이 넓은 편이다. jobpagoda

학원 강남점 정도를 먼저 보시는 걸 권장한다"로 시작합니다. 각 학원에 대해서는 위치와 접근성을 강조하면서 "강남대로 바로 옆이라 접근성이 좋다" "온라인·오프라인 병행 옵션도 제공한다" 같은 실용적 정보를 제공했습니다.

퍼플렉시티가 다른 두 AI와 가장 큰 차이는 웹에서 찾은 정보를 근거로 연결하기 때문에 외부 기사, 리뷰, 데이터가 한 건만 있어도 답변에 반영할 가능성이 생긴다는 것입니다. 실제 퍼플렉시티가 제공하는 답변의 출처를 체크해 보면 AI가 인용한 근거의 양이 많지 않은 경우가 빈번하게 눈에 띕니다.

이처럼 간단한 질문으로 다양한 관점에서 AI의 답변을 분석하고 해석해 볼 수 있습니다. 우리 브랜드가 지금 어떤 위치에 놓여 있는지 파악하는 첫 단계입니다. 여러분도 지금 바로 해보세요. 책을 읽는 지금, 바로 스마트폰을 꺼내서 검색해 보세요. 10분이면 충분합니다. 결과를 메모해 두세요. 이 메모가 개선의 출발점이 됩니다.

AI가 우리를 모를 때
제일 먼저 해야 할 일

최소한의 정보 입력하기

방금 해본 진단을 통해 AI가 생각보다 우리 기업을 잘 모르고 있다는 것을 느꼈을 겁니다. AI가 우리를 알게 하려면 최소한의 정보가 필요합니다. 회사나 브랜드 소개는 200자 이상이어야 하고, 주요 제품이나 서비스에 대한 설명, 우리의 강점이나 차별점, 연락처 및 위치, 대표적인 실적이나 사례가 텍스트로 홈페이지에 있어야 합니다.

먼저 홈페이지의 '회사 소개' 또는 'About' 페이지를 점검하세요. 텍스트로 된 설명이 최소 200자 이상인지, 주요 정보를 텍스트로 복사할 수 있는지, 1년 이내에 업데이트된 최신 정보인지 확인합니다. 부족하다면 즉시 개선해야 합니다. 회사 소개 텍스트를 300~500자 정도로 작성하고, 이미지 속 텍스트가 있다면 HTML 텍스트로 변환하세요.

좋은 회사 소개의 예를 들어보겠습니다.

"○○피트니스는 2018년 강남역에서 시작한 프리미엄 헬스장입니다. 직장인을 위한 새벽 6시 오픈, 야간 11시까지 운영으로 바쁜 분들도 편하게 이용할 수 있습니다. 1:1 맞춤 PT 프로그램과 체계적인 식단 관리 서비스가 강점이며, 현재까지 500명 이상의 회원이 목표 체중 감량에 성공했습니다."

반면 이미지로만 구성되어 텍스트 복사가 불가능한 페이지는 AI가 전혀 읽을 수 없습니다.

다음으로 각 제품이나 서비스에 대한 텍스트 설명을 추가합니다. 이 제품이나 서비스가 무엇인지, 누구를 위한 것인지, 주요 특징은 무엇인지, 다른 제품과 어떻게 다른지를 포함해야 합니다. 예를 들어 공기청정기 브랜드라면 "○○ 프리미엄 에어는 30평대 아파트에 최적화된 공기청정기입니다. 3단계 필터 시스템으로 미세먼지, 초미세먼지, 휘발성 유기화합물(VOC)을 99.9% 제거합니다. 특히 반려동물이 있는 가정을 위해 털과 냄새 제거 기능이 강화되었습니다. 소음은 30데시벨 이하로 아이 방에도 적합합니다." 라고 작성하면 됩니다. 제품명과 사진만 있고 설명이 없는 페이지는 AI에게 아무런 정보도 주지 못합니다.

기본 정보 체크리스트

☐ 회사나 브랜드 소개가 200자 이상인가?

☐ 주요 제품이나 서비스에 대한 설명이 있는가?

☐ 우리의 강점이나 차별점이 있는가?

☐ 연락처 및 위치가 표시되는가?

☐ 대표적인 실적이나 사례가 텍스트로 홈페이지에 있는가?

☐ 주요 정보를 텍스트로 복사할 수 있는가?

☐ 1년 이내에 업데이트된 최신 정보인가?

FAQ 페이지 만들기

전 세계 AI 리포트와 논문을 분석한 기사를 제공하는 AI 전문 정보 플랫폼 'AI 매터스'에서는 2025년 1월부터 한

가지 실험을 시작했습니다. 기사 끝에 FAQ(자주 묻는 질문)를 추가하는 것이었습니다. 기존 기사는 어려운 AI 논문을 누구나 이해하기 쉽게 풀어서 제공하고 있었지만, 그래도 추가로 궁금할 수 있는 기본적인 개념을 질문과 답변으로 정리해 반영했습니다. 기사마다 독자가 궁금해할 개념이나 추가 질문을 3개 정도 선정해서 답변과 함께 기사 하단에 추가했습니다. 질문-답변 형식으로 말이죠.

결과는 어땠을까요? 2025년 1월에는 챗GPT와 제미나이를 통한 유입이 거의 없었습니다. 4개월 후에는 전체 트래픽의 4%가 생성형 AI를 통해 유입되기 시작했습니다. 2025년 12월에는 7% 가까이 생성형 AI 유입이 증가했습니다. 미디어 특성상 90% 이상의 사용자가 검색을 통해 유입되는데, 생성형 AI 트래픽 증가는 AI 답변에서 AI 매터스의 기사가 인용되는 경우가 급격히 증가했다는 것을 의미합니다.

핵심은 이것입니다. FAQ 3개를 추가하는 것만으로도, 약 4개월 만에 눈에 띄는 효과가 나타났습니다. 복잡한 기술이나 대규모 투자 없이 콘텐츠 형식만 바꿨을 뿐입니다.

FAQ는 AI가 가장 좋아하는 콘텐츠 형식입니다. 질문-

답변 구조로 되어 있어서 AI가 이해하기 쉽기 때문입니다. 고객이 자주 묻는 질문은 곧 AI가 사용자에게 받을 질문이기도 합니다.

FAQ 아이템을 찾는 방법은 세 가지가 있습니다. 먼저 실제 고객 문의를 검토하세요. 이메일, 전화, 채팅 상담 기록을 확인해서 가장 자주 나오는 질문 10개를 추출합니다. 다음으로 영업팀이나 고객센터에 "고객이 가장 자주 묻는 질문이 뭔가요?"라고 물어보세요. 현장 담당자가 가장 잘 알고 있습니다. 마지막으로 경쟁사 FAQ를 참고하세요. 베끼는 게 아니라 아이템 영감을 얻는 것입니다.

좋은 FAQ는 질문이 실제 고객의 말투와 비슷하고, 답변이 명확하고 구체적이며, 전문용어를 최소화하거나 설명을 포함하고, 200~400자 정도의 적절한 길이로 이루어져 있습니다. 흔히 FAQ를 CS를 위한 질문으로만 생각하는 경우가 많습니다. 제품 어디가 고장나면 어떤 수리를 해야하나, 서비스 센터는 어디인가에 대한 질문과 답변을 쉽게 떠올리곤 하죠. 하지만 AI가 잘 인용할 수 있는 FAQ는 전반적인 우리 브랜드에 대해 고객이 궁금해하는 질문의 답변입니다.

피트니스 센터의 FAQ를 예로 들어 보겠습니다.

"헬스장 처음인데, PT를 꼭 받아야 하나요?"라는 질문에 대한 답변은 이렇습니다.

"처음 운동을 시작하시는 분이라면 최소 1~2개월 PT를 권장드립니다. 올바른 자세와 기구 사용법을 익히지 않으면 부상 위험이 있고, 운동 효과도 절반으로 줄어들기 때문입니다. 저희 ○○피트니스에서는 첫 방문 시 무료 체형 분석과 1회 체험 PT를 제공합니다. 체험 후 PT 없이 자유 이용만 하셔도 됩니다. 다만 3개월 이상 꾸준히 운동하신 경험이 있다면, 자유 이용권으로 시작하시고 필요할 때 PT를 추가하시는 것도 좋은 방법입니다."

FAQ는 적어도 10개 이상 필요합니다. 하나의 서비스라고 하더라도 포괄적인 고객의 궁금증에 충분한 답이 될 수 있는 다양한 시선의 질문이 필요합니다. 가능하다면 콘텐츠마다 대표적인 질문과 답변을 2~3개 정도 반영해 보세요. FAQ는 많을수록 좋지만, 한 콘텐츠에 많은 양을 몰아넣기보다 전반적인 페이지에 적절한 질문과 답변을 배치하는 게 더 중요합니다.

블로그, 뉴스룸 시작하기

AI 검색에서 잘 노출되기 위해 블로그나 브랜드 뉴스룸 운영을 제안하면 "홈페이지에도 이미 정보가 있는데, 또 블로그를 해야 하나요? 뭘 써야 할지 모르겠어요."라고 하는 분들이 많습니다. 이미 보도자료가 올라가는 뉴스룸은 운영하고 있다며 지금 있는 내용 말고 무엇을 더 써야 할지 모르겠다고 하시죠. 답은 간단합니다. 고객이 궁금해하는 것을 쓰세요.

블로그 주제를 찾는 방법은 세 가지입니다.

첫째, 고객 질문을 글로 쓰는 것입니다. 고객이 문의한 질문에 답한 내용을 정리해서 글로 발행하세요. 예를 들어 "층간소음 때문에 바닥재 교체하려는데, 어떤 게 좋아요?"라는 고객 문의가 있었다면 '층간소음 줄이는 바닥재 선택 가이드'라는 블로그 글로 만들 수 있습니다.

둘째, 우리 분야의 기본 지식을 설명하는 것입니다. 고객이 알아두면 좋을 기본 정보를 쉽게 풀어 쓰세요. 피트니스 센터라면 '러닝머신 vs 실외 달리기, 뭐가 더 효과적일까?' '근력 운동 초보자가 피해야 할 5가지 실수' '다이어트 중 단백질, 얼마나 섭취해야 할까?' 같은 주제를 다룰 수 있습니다.

셋째, 업계 트렌드나 변화를 소개하는 것입니다. 우리 분야에 새로운 법규나 트렌드가 생기면 해설하세요. '2025년 피트니스 트렌드, 필라테스 vs 크로스핏 vs 홈트'나 '최근 각광받는 친환경 건축자재 트렌드' 같은 주제가 여기에 해당합니다.

블로그는 얼마나 자주 써야 할까요? 이상적으로는 주 1회, 현실적으로는 월 2~4회, 최소한 월 1회를 목표로 하세요. 꾸준함이 양보다 중요합니다. 기존에 만들어둔 글이 너무 없다면 단기간 내 글을 10건 이상 업로드하고 시작하시기를 권유합니다. 글 길이는 최소 500자, 적정하게는 1000~1500자면 됩니다. 너무 길 필요 없이 핵심만 명확히 전달하면 됩니다.

어디에 발행하면 좋을까요? 가장 좋은 것은 자사 홈페이지 블로그나 뉴스룸이고, 그다음은 한국에서 접근성이 좋은 네이버 블로그, 마지막으로 브런치나 미디엄 같은 플랫폼입니다. 가능하면 자사 홈페이지에 먼저 발행하고, 네이버 블로그에 맞게 활용하는 방식을 추천합니다.

AI에 나오기 위해
오늘 당장 해야 할 일

오늘부터 당장 실천할 수 있는 할 일이 있습니다. 홈페이지 회사 소개 페이지 텍스트를 점검하고 보강하세요. FAQ 페이지를 만들어서 최소 10개의 질문-답변을 올리세요. 블로그 또는 뉴스룸 섹션을 만들고, 첫 번째 블로그 글 1개를 작성하세요. 주제는 고객이 가장 자주 묻는 질문이면 좋습니다. 이것만 해도 AI가 우리 브랜드를 '발견'할 가능성이 생깁니다.

홈페이지 점검 [혼자서 가능]

홈페이지

☐ 홈페이지 정보가 모두 최신인가?

☐ 새 제품/서비스가 있다면 모든 곳에 추가했는가?

☐ FAQ에 새로운 질문을 추가할 필요가 있는가?

외부 사이트

☐ 네이버 스마트플레이스 정보가 정확한가?

☐ 구글 비즈니스 프로필 정보가 정확한가?

☐ 다른 플랫폼(카카오맵, 업종별 플랫폼 등) 정보도 확인했는가?

이번 주 안에 할 일 [혼자서 가능]

홈페이지 회사 소개 페이지에 텍스트 설명 추가하기

☐ 무엇을 하는 회사인지?

　　예시: "저희는 강남에서 20년간 세무 서비스를 제공하고 있습니다"

☐ 언제 설립됐는지?

☐ 주요 제품이나 서비스가 무엇인지?

☐ 대표자 이름과 경력은?

☐ 운영 기간은?

☐ 고객 수 혹은 후기 수는?

☐ 실제 사례가 있는지?

☐ 텍스트 설명은 300자 이상으로 작성하기

이번 달 안에 할 일 [혼자서 가능]

☐ 네이버 블로그에 회사/제품 소개 글 1개 작성

- 블로그가 없다면 새로 만드세요(무료)
- 홈페이지에 쓴 내용을 블로그용으로 조금 더 친근하게 다시 써도 됩니다
- 홈페이지에는 블로그 글 링크를, 블로그 글에는 홈페이지 링크를 추가하세요

☐ 네이버 스마트플레이스와 구글 비즈니스 프로필 등록 확인

- 아직 등록 안 했다면 이번 기회에 등록하세요
- 이미 등록했다면 정보가 정확한지 확인하세요

3개월 안에 할 일 [혼자서 가능]

☐ **블로그에 글 꾸준히 올리기**

- 2주마다 1개 이상 업로드 하세요
- 주제: 고객들이 자주 묻는 질문, 우리 분야의 유용한 정보, 업계 트렌드나 변화 소개
- 글 하나당 500자 이상 작성하면 좋습니다

☐ **우리 업종 관련 플랫폼에 정보 등록하기**

- 네이버 플레이스, 구글 비즈니스 외에 업종별로 추가로 등록해야 할 플랫폼에 정보를 등록하세요(158쪽 참고)
- 등록할 플랫폼을 찾는 방법: 검색창에 "(내 업종) 추천 사이트" 또는 "(내 업종) 비교 사이트"를 검색해 보세요

문제2

3장
AI가 잘못된 정보를
당당히 알려준다면

챗GPT에 나온
우리 회사가 이상해요

2023년 초, 챗GPT에 저희 회사 이름을 검색해 봤습니다. "함샤우트 글로벌이 뭐야?" 챗GPT의 답변은 당황스러웠습니다.

"함샤우트 글로벌은 독일에 본사를 둔 글로벌 물류 회사로, 유럽과 아시아를 잇는 해운 서비스를 제공합니다…"

완전히 틀린 정보였습니다. 함샤우트 글로벌은 한국의 통합 마케팅 커뮤니케이션 회사입니다. 물류와는 아무 관련이 없습니다. 게다가 20년 이상의 경력을 가진 기업임에도 2020년에 설립된 신생 기업으로 나오고 있었습니다. 회사가 최신 신사업을 빠르게 홈페이지에 반영하지 않았고,

사명이 변경되었을 때 이를 '사명 변경'과 같이 구체적이고 정확하게 명시하지 않았기 때문입니다.

이것이 이른바 '할루시네이션(환각)' 현상입니다. AI가 모르는 정보를 그럴듯하게 지어내 답변하는 것이죠.

우리는 씁쓸했습니다. '우리 회사가 20년 넘게 활동해 왔는데, AI는 우리를 완전히 엉뚱한 회사로 알고 있구나.'

원인을 찾아보니

왜 AI가 회사 정보를 틀리게 알고 있었을까요? 분석해 보니 몇 가지 이유가 있었습니다.

첫째, 온라인에 회사 정보가 충분하지 않았습니다. 회사가 확장과 협업을 거듭하면서 이름이 조금씩 변하기도 했고 서비스 영역도 계속 확장됐습니다. 이에 따라 홈페이지를 업데이트하기는 했지만, 대부분 실제 비즈니스는 회사 소개서 중심으로 이뤄지기 때문에 홈페이지 회사 소개란에는 꼭 필요한 정보만 간략하게 있었죠.

둘째, 정보가 여기저기 흩어져 있었습니다. 대표 인터뷰는 언론 기사에, 서비스 설명은 제안서 PDF에, 프로젝트 사례는 내부 자료에만 있었습니다. AI가 종합해서 이해하기 어려운 구조였습니다.

셋째, 최신 정보가 없었습니다. 홈페이지의 '뉴스' 섹션이 원활하게 업데이트되지 않고 있었습니다. 그래서 AI 입장에서는 이 회사가 지금도 활동 중인지 확신하기 어려웠을 겁니다.

넷째, 비슷한 이름의 회사와 혼동되고 있었습니다. '함샤우트'라는 이름이 독특해서 좋다고 생각했는데, 오히려 AI가 비슷한 발음의 해외 회사와 혼동하고 있었습니다.

변화를 시작하다

그때부터 우리는 의도적으로 온라인 정보를 관리하기 시작했습니다. 전방위적으로 우리가 직접 관리할 수 있는 채널을 정비하고, 우리가 노출될 수 있는 외부 채널을 점검했습니다.

첫째, 홈페이지 개편. 회사 소개 페이지를 대폭 보강했습니다. 어떤 서비스를 제공하는지, 어떤 산업에 전문성이 있는지, 주요 클라이언트는 누구인지 텍스트로 상세하게 설명했습니다.

특히 신경 쓴 부분은 텍스트 기반으로 정보를 제공하는

것이었습니다. 예쁜 이미지 대신, AI가 읽을 수 있는 글로 핵심 정보를 담았습니다.

둘째, 뉴스룸 활성화. 회사 뉴스를 정기적으로 발행하기 시작했습니다. 한 달에 2~3개씩, 꾸준히. 대단한 내용이 아니어도 괜찮았습니다. "최근 이런 프로젝트를 수행했다" "이런 행사에 참여했다" "이런 리포트를 발간했다" 같은 소식을 보도자료로 배포하고 또 회사 뉴스룸에도 빠지지 않고 업로드했습니다.

셋째, 언론 홍보 강화. 회사의 전문성을 보여줄 수 있는 기고문, 인터뷰, 보도자료를 언론에 꾸준히 제공했습니다. PR 회사답게 이 부분은 강점이 있었습니다.

넷째, 일관된 정보 유지. 홈페이지, 링크드인, 네이버 블로그 등 여러 채널에서 회사 정보가 일관되게 표시되도록 정비했습니다. 대표 이름, 설립 연도, 주요 서비스가 어디서 검색해도 똑같이 나오도록 했습니다.

드디어 제대로 보이는구나

2년이 지난 2025년, 다시 챗GPT에 물어봤습니다. "함샤우트 글로벌은 어떤 회사야?" 이번 답변은 달랐습니다.

■ 함샤우트 글로벌에 대한 챗GPT의 답변

> 함샤우트 글로벌은 어떤 회사야?"

함샤우트 글로벌은 **한국의 종합 커뮤니케이션·마케팅 회사**로, 전통적인 PR부터 디지털 마케팅까지 폭넓은 커뮤니케이션 서비스를 제공하는 기업입니다. ᴸⁱⁿᵏᵉᵈⁱⁿ

📌 **주요 정보**
- **설립 및 본사**: 서울 마포구에 본사를 두고 있으며, IMC(통합 마케팅 커뮤니케이션)와 디지털 커뮤니케이션을 중심으로 활동합니다. ᴸⁱⁿᵏᵉᵈⁱⁿ
- **서비스 분야**
  - PR(언론홍보) 컨설팅
  - 디지털 마케팅 및 광고
  - SNS 콘텐츠 마케팅
  - SEO/SAO 전략
  - 위기관리 및 브랜딩
  - 온·오프라인 캠페인 전반 ᴸⁱⁿᵏᵉᵈⁱⁿ
- **전통과 혁신의 결합**: 2003년 설립 이후 자동차, 게임, 스포츠, 금융, IT 등 다양한 산업의 브랜드를 대상으로 커뮤니케이션 및 마케팅 서비스를 제공해 왔습니다. ᶜᵂᴺ

🌐 **AI 및 혁신 활동**

함샤우트 글로벌은 단순 마케팅 회사에서 벗어나 **AI 기술을 마케팅·홍보에 접목**하려는 움직임도 활발합니다:
- 자체 **AI 연구소**를 설립하여 AI 기반 마케팅 혁신을 추구하고 있습니다. ᵃⁱⁿᵉʷˢ
- 산하에 **AI 전문 자회사 '딜라이트커뮤니케이션'**을 두고 AI 마케팅 전략, AI 검색 최적화, AI 크리에이티브 제작, 맞춤형 AI 교육 등을 제공하고 있습니다. ᶻᵁᴹ ⁿᵉʷˢ
- **'AI 매터스(AI Matters)'**라는 AI 전문 정보 플랫폼을 운영하며 AI 관련 분석 리포트, 트렌드 자료, 교육 콘텐츠 등을 발행합니다. ˢᵉᵍᵉᵛᵉᵗˢ

정확했습니다. 정말 뿌듯했습니다. '드디어 AI가 우리를 제대로 알아보는구나!' 2년 동안 꾸준히 정보를 쌓아온 노력이 효과가 있었다는 걸 실감하는 순간이었습니다.

무엇이 달라졌나

2023년과 2025년 사이에 무엇이 달라졌을까요? 회사 자체가 크게 변한 건 아닙니다. 직원 수가 몇 배로 늘거나 매출이 급증한 것도 아닙니다. 달라진 건 온라인에서의 정보 품질입니다.

- 정보의 양: 회사에 관한 온라인 콘텐츠가 충분히 쌓였다
- 정보의 정확성: 여러 채널에서 일관된 정보가 제공된다
- 정보의 신선도: 최신 활동이 계속 업데이트된다
- 정보의 신뢰성: 언론 기사, 공식 홈페이지 등 신뢰할 수 있는 출처에 정보가 있다

　AI는 이런 정보를 학습하고 종합해서 사용자에게 답변을 제공합니다. 좋은 정보가 충분히 있으면 AI도 정확하게 알게 되는 겁니다.

작은 회사도, 개인도 가능하다

누구는 "PR 회사니까 가능한 거 아니야?"라고 생각할 수

있습니다. 물론 PR 회사라서 언론 홍보에 강점이 있었던 건 사실입니다. 하지만 핵심은 꾸준함이었습니다.

대단한 예산이 들어간 게 아닙니다. 화려한 캠페인을 한 것도 아닙니다. 그저 홈페이지 정보를 충실하게 채우고, 한 달에 몇 번 뉴스를 올리고, 회사 정보가 일관되게 유지되도록 관리한 것뿐입니다.

이 정도는 어느 회사든 할 수 있습니다. 마케팅 전담 인력이 없는 작은 회사도 대표가 직접 블로그에 글을 쓰고, 홈페이지에 회사 소개를 충실하게 작성하면 됩니다.

개인도 마찬가지입니다. 프리랜서, 컨설턴트, 전문가라면 링크드인 프로필을 충실히 채우고, 블로그에 전문 콘텐츠를 올리고, 기고나 인터뷰 기회를 활용하면 됩니다. AI가 "이 분야 전문가가 누구야?"라는 질문에 당신을 언급할 수 있도록요.

중요한 건 시작하는 것, 그리고 꾸준히 하는 것입니다.

AI의 기억은 바뀔 수 있다

앞서 진단법을 실천하며 AI에 우리 브랜드를 물어봤을 때, 정확한 답변을 들은 분은 많지 않을 것입니다. AI가 우리 브랜드를 언급하지만 내용이 부정확하거나, 오래된 정보를 마치 현재 정보처럼 제시하거나, 우리가 하지 않는 사업을 한다고 설명하거나, 설립 연도나 위치, 대표 제품 등 기본 정보가 틀린 경우가 꽤 많이 일어납니다.

AI가 왜 틀린 정보를 말할까요? 과거 정보가 웹에 많이 남아 있거나 공식 채널의 최신 정보가 부족해서일 수 있습니다. 혹은 비슷한 이름의 다른 회사와 혼동하는 경우도 있습니다.

하지만 함샤우트 글로벌 사례로 볼 수 있듯 AI의 인식은 고정된 게 아닙니다. 2023년에 AI가 우리 회사를 몰랐다고 해서 영원히 모르는 게 아닙니다. 온라인에 좋은 정보가 쌓이면 AI는 배웁니다. 그리고 다음에 누군가 우리 회사에 대해 물었을 때, 정확하게 답합니다.

지금 AI가 우리 브랜드나 나를 모른다면 그건 아직 AI가 학습할 정보가 충분하지 않다는 뜻일 수 있습니다. 정보를 만들고, 쌓고, 정리하면 상황은 바뀝니다.

AI는 우리 회사를
정확히 알고 있을까?

가장 간단한 질문

앞에서 '업종 추천' 질문으로 우리 브랜드가 언급되는지 확인했다면 이번에는 더 직접적으로 물어봅시다. 우리 브랜드에 대해 AI가 뭘 알고 있는지 확인하는 겁니다.

AI에게 "(우리 브랜드명)이 뭐야?" "(우리 회사명)에 대해 알려줘" "건강식을 만드는 ○○이 어떤 회사야?" "○○ 공기청정기에 대해 알려줘" "○○ 공증사무실이 어떤 곳이야?" 같은 질문을 던져보세요. 그러면 AI가 우리 브랜드에 대해 설명을 합니다. 이 설명을 꼼꼼히 읽어보세요. 그리고 다음 사항들을 체크해 보시기 바랍니다.

세 가지 체크포인트

1. 정확한 정보인가?

AI가 말하는 내용이 사실과 일치하는지 확인하세요. 확인해야 할 항목은 회사 설립 연도, 주요 사업 분야, 대표 제품이나 서비스, 회사 위치, 직원 수(언급되는 경우), 주요 실적이나 수상 경력 등입니다.

한 공증사무실의 경우 "○○ 공증사무실이 뭐야?"라고 챗GPT에게 질문하면 "○○ 공증사무실은 서울 강남구에 위치한 공증 전문 사무소로, 주로 부동산 거래 관련 공증을 담당합니다"라는 답변을 확인할 수 있습니다.

하지만 실제 이 회사는 2023년에 종로구로 이전했고, 현재는 기업 법무 공증이 주력 업무였습니다. 위치도 틀렸고, 주력 업무도 완전히 다른 결과가 나왔죠.

왜 이런 일이 생길까요? AI는 특정 기간 내 축적된 데이터로 학습을 하고 필요하면 웹을 찾아서 답변을 재구성합니다. 만약 오래된 정보, 잘못된 정보가 웹에 많이 남아 있으면 AI도 그대로 학습합니다. 또는 비슷한 이름의 다른 회사 정보와 섞여서 잘못된 답변을 만들기도 합니다.

2. 최신 정보인가?

회사나 브랜드는 계속 변합니다. 신제품이 나오고, 사업 영역이 확대되고, 새로운 성과가 생깁니다. AI가 말하는 정보가 '지금'의 우리 브랜드를 반영하는지 확인하세요. 최신 제품이나 서비스가 반영되어 있는지, 최근 사업 확장이나 변화가 반영되어 있는지, 최근 수상이나 인증이 언급되는지를 확인하세요.

어느 디자인 에이전시의 경우 "○○디자인이 뭐 하는 곳이야?"라고 질문하면 "○○디자인은 브랜드 아이덴티티와 패키지 디자인을 전문으로 하는 디자인 스튜디오입니다"라는 답변이 보입니다.

그런데 실제 이 회사는 2년 전부터 UX/UI 디자인과 웹사이트 개발로 주력 사업을 전환했습니다. 현재 사업의 70%가 디지털 분야인데, AI는 예전 정보만 알고 있는 것이죠.

왜 이런 일이 생길까요? 홈페이지를 오랫동안 업데이트하지 않았거나, 최근 변화에 대한 정보가 온라인에 충분히 발행되지 않았기 때문입니다. 과거에 축적된 데이터로 학습을 하더라도 웹에서 최신 정보가 확인되면 해당 내용이 답변에 반영될 수 있습니다. 하지만 AI가 온라인에서 최신 정보를 충분히 잘 확인할 수 없다면, AI에게 질문해서 나온 답변 속 우리 브랜드는 계속 과거에 머물러 있을 수밖에 없죠.

3. 출처는 어디인가?

AI가 웹상에서 확인한 정보와 함께 답변을 생성하는 경우에는 출처를 함께 보여줍니다. 이 출처를 반드시 확인하세요. 우리 공식 홈페이지가 출처에 포함되어 있는지, 신뢰할 만한 매체(언론, 전문지)가 출처인지, 출처가 최신 자료인지를 확인하세요.

"소음이 적은 친환경 바닥재 브랜드를 알려줘"라고 질문했을 때 퍼플렉시티가 "KCC글라스: 고탄력 쿠션층으로 충격음 감소와 보행감을 제공하며, 여러 친환경 인증을 획득했습니다"라고 답변하면서 출처로 KCC글라스 공식 홈페이지의 제품 소개 페이지를 인용했습니다. 그리고 LX하우시스와 현대L&C 답변은 생활 관련 소식을 다루는 매체 기사를 인용했습니다.

이는 좋은 상태입니다. 공식 채널과 신뢰할 수 있는 채널

■ 퍼플렉시티의 답변과 출처

🏵 답변　🌐 링크　🖼 이미지　　　　　　　　　　　　　　　　　　…　　🔗 공유

소음이 적고 친환경 인증을 받은 바닥재 브랜드는 한국 아파트 층간소음 문제를 해결하는 데 인기 있습니다. 주요 브랜드는 기능성과 지속 가능성을 강조하며, 식물성 소재나 재활용 PET를 사용합니다. kccglass +2

주요 브랜드

- **KCC글라스 (숲 소리휴 에듀):** 고탄력 쿠션층으로 충격음 감소와 보행감을 제공하며, 여러 친환경 인증을 획득했습니다. kccglass

- **LX하우시스 (지아소리잠):** 식물 유래 성분으로 TVOC 방출량을 최소화하고 층간소음 저감, 미끄럼방지 기능이 우수합니다. 올해의 녹색상품으로 선정했습니다. ibabynews +1

- **현대L&C (소리지움 5.0):** 5mm 두께 고탄성 쿠션으로 생활소음 방지와 충격 흡수에 특화된 제품입니다. donga +1

- **보엔하임:** 천연 라텍스 100% 소재로 최대 20dB 소음 감소, 난연 1등급, 유해물질 제로입니다. ▶ youtube　linkonbiz

- **퀵스텝 (알파비닐, 신명마루):** 100% 재활용 PET병 소재로 친환경이며, 사일런트 워크 언더레이와 결합 시 17~18dB 소음 저감 효과를 보입니다. theliving +2

선택 팁

가족 구성원(어린이, 반려동물 유무)과 공간 크기에 따라 미끄럼방지나 난연 기능을 우선하세요. 설치 전 LH 바닥충격음 1등급 인증 여부를 확인하면 아파트 규정 준수가 쉽습니다. 가격대는 ㎡당 3~10만 원 정도로, 시공 업체 견적을 비교하는 게 좋습니다. hyundailnc +2

---

19 소스　　　　　　　　　　　　　　　　　　　　　　　　　　　　　　×

소음이 적은 친환경 바닥재 브랜드를 알려줘.에 대한 소스

🏵 kccglass

KCC글라스 바닥재는 생활공간에 각각의 최적의 기능성 ...

KCC글라스는 유리, 홈씨씨, 바닥재 전문 B2C기업으로 종합 건축자재 기업 KCC에서 분할하여 설립되었습니다.

🔵 ibabynews

층간소음 잡는 친환경 바닥재, 지아소리잠

【베이비뉴스 전아름 기자】사단법인 한국녹색구매네트워크는 후손들에게 보다 건강한 지구를 물려주기 위해 매년 '대한민국 올해의 녹색상품(올녹상)'을 선정하고 있습니다. 올녹상은 환경개선 효과가 우수하면서도, 소비자의 사랑을 받는 제품을 전문가의 자문을 거쳐 소비자가 직접 평가하고 투표한 뒤 선정해 그 의미가 더욱 큽니다. 베이비뉴스가 소개하는 '올해의 녹색상품' 열다섯 번째는 LX하우시스 지아소리잠...

theliving

친환경 마루 '퀵스텝' 마루, 그 이상의 혁신으로 완성한 프리미엄

글로벌 바닥재 시장에서 약 15%의 점유율을 차지하는 브랜드 퀵스텝(QUICK-STEP)이 국내 소비자들에게도 큰 관심을 받고 있다. 트렌드에 민감한 소비자들은 이 브랜드의 기능성과 친환경성에 주목하고 있으며, 다양한 인테리어 업체들 또한 앞 다투어 퀵스텝을 소개하고 있다.퀵스텝은 바닥재의 패러다임을 획기적으로 전환하기 위해 탁월한 기능성을 접목시켜 바닥재 시장의 새로운 시대를 열고 있다는 평가를 받...

에 실린 정보가 AI에게 잘 인식되고 있다는 뜻입니다.

AI가 어디서 정보를 가져왔는지 알면 어떤 정보를 보강해야 할지 알 수 있습니다. 가장 좋은 경우는 바로 공식 홈페이지나 우리가 직접 운영하는 브랜드 채널을 인용하는 경우입니다.

그렇다고 AI가 항상 공식 정보만 활용하는 것은 아닙니다. 외부 정보만 인용한 경우도 있을 수 있죠. 우리 브랜드와 관련된 질문을 했을 때 출처로 오래된 기사, 나무위키, 블로그 후기만 표시된다면 문제입니다. 공식 홈페이지가 출처에 없고, 오래된 외부 정보에 의존하고 있다는 뜻이기 때문입니다.

출처가 아예 없다고 반드시 문제가 있는 것은 아닙니다. 챗GPT의 경우 학습된 데이터에서 충분히 답을 할 수 있다고 판단하면 웹 출처 정보 없이 답변만 제공하는 경우도 많습니다. 다만, 그 정보가 반드시 '사실fact'은 아닐 수 있습니다. 바로 할루시네이션이죠.

할루시네이션을 발견했다면?

챗GPT를 사용해 보신 분들이라면 경험하셨을 텐데요. 점

하나만 입력해도 답변을 만들어내는 생성형 AI는 학습한 데이터에 정보가 없거나 부족할 경우 그럴싸하게 거짓말로 부족한 부분을 채우는 현상이 있습니다. 할루시네이션이라고 하는 이 현상은 AI가 사실이 아닌 정보를 마치 사실처럼 말하는 현상입니다.

할루시네이션의 예를 들면, 존재하지 않는 상이나 인증을 받았다고 말하거나, 실제로 하지 않는 사업을 한다고 설명하거나, 아예 다른 회사와 혼동하는 경우가 있습니다.

왜 할루시네이션이 생길까요? 웹에 잘못된 정보가 있어서 AI가 그대로 학습했거나, 비슷한 이름의 다른 회사 정보와 섞였거나, 정보가 부족해서 AI가 추측으로 답변을 만들었기 때문입니다.

할루시네이션을 발견했을 때 지금 당장 AI 답변을 수정할 수는 없습니다. 하지만 장기적으로 개선할 수 있습니다. 우선 어떤 정보가 틀렸는지 정확히 기록해 두세요.

중요한 건 AI가 새로운 정보를 학습하는 데는 시간이 걸린다는 점입니다. 꾸준히 정확한 정보를 온라인에 발행하면서 3~6개월 후 다시 확인해야 합니다.

진단 결과 정리하기

앞서 질문하고 답변을 확인하고 출처까지 체크하는 모든 과정을 간단하게 정리해 놓으세요. AI가 우리 브랜드를 알고 있는지 모르는지, 정보가 정확한지 일부 혹은 많이 틀렸는지, 정보가 최신인지 오래되었는지, 공식 홈페이지가 출처로 인용되는지 안 되는지, 경쟁사 대비 우리 브랜드 언급 빈도가 높은지 보통인지 낮은지 등을 파악해 두면 상황에 맞는 해결책을 찾을 수 있습니다.

AI가 신뢰하는
브랜드 정보의 조건

AI는 집을 방문하는 손님

AI가 우리 홈페이지에 방문하는 걸 집에 찾아오는 손님에 비유해 봅시다. 손님이 우리 집 정보를 알아 가려면 세 가지 조건이 필요합니다.

첫째, 문이 열려 있어야 합니다. 초인종을 눌렀는데 아무도 안 열어주면? 손님은 발길을 돌립니다. 홈페이지도 마찬가지입니다. AI가 접근하려고 했는데 "들어오지 마세요" 하고 막혀 있으면, AI는 그 안에 뭐가 있는지 영원히 모릅니다.

둘째, 집 안에 뭔가 있어야 합니다. 문을 열고 들어왔는데 빈방만 있으면? "아무것도 없네" 하고 나갑니다. 어떤 홈페이지는 겉보기에는 화려하지만, AI가 보기에는 텅 빈 방과 같습니다. 자세한 이유는 다시 설명할게요.

셋째, 정보를 읽을 수 있는 형태여야 합니다. 집에 들어왔고 뭔가 있긴 한데, 전부 외국어로 쓰여 있거나 금고 속에 숨겨져 있다면? 손님은 이해하지 못합니다. 홈페이지의 정보가 AI가 이해할 수 없는 형태로 존재하면, AI는 그 내용을 파악하지 못합니다.

문이 잠겨 있는 경우

AI가 홈페이지에 아예 들어오지 못하는 경우입니다.

첫째, 로그인이 필요한 페이지.

"저희 상세 제품 정보는 회원 전용 페이지에 있어요." 그러면 AI는 그 정보를 영원히 모릅니다. AI가 정보를 학습하려면 그 페이지에 접근할 수 있어야 합니다. 로그인해야 볼 수 있는 페이지는 AI가 접근할 수 없습니다.

B2B 기업들이 흔히 하는 실수입니다. 제품 스펙, 가격, 상세 정보를 '영업팀 문의' 뒤에 숨겨놓습니다. 영업 전략상 그럴 수 있지만, AI는 그 정보를 영원히 모릅니다.

둘째, AI의 접근을 막아놓은 사이트.

웹사이트는 'AI가 이 사이트를 읽어도 되는지'를 설정할 수 있습니다. 어떤 사이트는 보안이나 서버 보호 목적으로 AI가 아예 접근하지 못하게 막아놓습니다. "잠깐만요, 사람인지 확인할게요" 같은 화면이 뜨면, AI는 대개 거기서 멈춥니다.

의도적으로 막은 경우도 있고, 보안 설정을 하다 보니 우연히 막힌 경우도 있습니다. 결과는 같습니다. AI는 그 사이트 정보를 모릅니다.

빈방인 경우

AI가 문을 열고 들어왔는데, 정작 안에 아무것도 없는 경우입니다. 이게 무슨 말일까요?

첫째, 웹사이트 구조적 제한

최신 방식으로 만든 홈페이지 중에는 특이한 구조가 있습니다. 사람이 방문하면 화면에 예쁜 내용이 척척 나타납니다. 하지만 AI가 방문하면 빈 껍데기만 보입니다. 왜 그럴까요? 쉽게 비유하면 이렇습니다.

우리 집에 손님이 왔어요. 문을 열어줬어요. 그런데 가구가 아직 배송 중입니다. "5분만 기다리시면 가구가 도착해서 채워질 거예요"라고 했는데, 손님이 기다리지 않고 그냥 가버린 겁니다.

"5분만 기다리면 내용이 나타나요" 많은 현대식 홈페이지가 이런 구조입니다. 처음에 빈 틀만 보내고, 이후에 내용을 채웁니다. 사람은 기다려서 완성된 화면을 보지만, AI는 빈 틀만 보고 "아무것도 없네" 하고 떠납니다.

둘째, 스크롤하거나 클릭해야 나오는 정보

중요한 정보가 '더 보기' 버튼을 눌러야 나오거나, 아래로 스크롤해야 나타나는 경우도 있습니다. 사람은 자연스럽게 클릭하고 스크롤하지만, AI는 그렇게 하지 못하는 경우가 많습니다. 첫 화면에 보이는 정보만 가져가고, 숨겨진 정보는 모르고 지나갑니다.

읽을 수 없는 형태인 경우

AI가 들어와서 뭔가 있는 건 봤는데, 그 내용을 이해하지 못하는 경우입니다.

첫째, 이미지 속에 갇힌 콘텐츠입니다. 가장 흔한 문제입니다. 콘텐츠에 관해서는 뒤에서 더 자세히 다루겠지만, 간단히 설명하면 이렇습니다. 예쁜 디자인의 카드뉴스는 사람 눈에는 텍스트가 잘 보입니다. 하지만 AI가 보기에는 '그냥 그림'입니다. 그 안에 뭐가 쓰여 있는지 AI는 완벽하게 읽지 못합니다.

둘째, PDF 안에만 있는 정보입니다. 회사 소개서를 PDF로 잘 만들어놨다면? AI에게는 소용이 없습니다. PDF는 AI가 읽기 어려운 형식 중 하나입니다. 웹페이지의 텍스트보다 PDF 안의 텍스트는 AI 학습에 반영되기 훨씬 어렵습니다.

셋째, 영상 속에만 있는 정보입니다. 유튜브에 회사 소개 영상을 올렸다고 해서 AI가 그 내용을 다 아는 건 아닙니다. 영상 속 말을 텍스트로 변환해서 학습하는 과정은 복잡하고 제한적입니다.

AI가 신뢰하는 정보의 네 가지 조건

그렇다면 AI가 정보를 고를 때 어떤 기준으로 '믿을 만하다'라고 판단할까요? 네 가지 핵심 조건이 있습니다.

먼저 전제를 하나 짚고 가야 합니다. AI가 스스로 판단한다기보다는, AI 답변에 더 자주 반영되는 정보에는 공통된 조건이 존재합니다.

다음 네 가지는 AI가 정보를 선택할 때 중요하게 작용하는 핵심 신호입니다.

조건 1. 출처가 분명한 정보

AI는 출처가 확인되는 정보를 더 신뢰하는 경향이 있습니다. '공식이라서 무조건 신뢰한다'라는 의미는 아닙니다. 정확히 말하면 '외부에서 반복적으로 검증되고 인용된 출처인지'입니다. 의료, 법률, 금융처럼 리스크가 큰 분야에서는 특히 이 조건이 중요하게 작용합니다. 출처 없는 정보를 제공했다가 문제가 생기면 곤란하기 때문입니다.

출처가 분명한 정보란 무엇일까요? 회사나 기관이 직접 운영하는 공식 홈페이지, 보건복지부나 질병관리청 같은 정부 기관 문서, 논문이나 학회 발표 같은 학술 자료, 신뢰할 수 있는 뉴스 매체의 언론 기사, 그리고 업계 전문지나 리서치 기관의 보고서 등이 여기에 해당합니다.

반대로, 출처가 불분명한 정보도 있습니다. 작성자와 근거가 명확하지 않은 익명 게시물, 출처 표시가 없는 글이나 전언 형태의 주장, 검증되지 않은 개인 의견이나 과장

된 경험담이 그렇습니다.

예를 들어보겠습니다. 'A 화장품이 피부에 좋다'라는 정보가 있다고 가정해 보죠. 출처가 분명한 정보라면 식품의약품안전처 허가 문서, 피부과학회 논문, A 화장품 공식 홈페이지의 성분·효능 설명 등이 해당됩니다. 반면 출처가 불분명한 정보는 익명 커뮤니티 댓글이나 작성자 불명의 블로그 글입니다. AI는 출처가 분명한 전자의 정보를 더 많이 반영합니다.

조건 2. 여러 곳에서 확인되는 정보

AI는 한 곳에서만 주장되는 정보보다 여러 출처에서 일관되게 확인되는 정보를 더 신뢰합니다. 왜 그럴까요?

생각해 보면 사람도 비슷합니다. 친구 한 명이 "저 식당 맛있어"라고 하면 참고만 합니다. 하지만 여러 사람이 같은 말을 하면 한번 가볼까 생각하게 되죠, 그렇죠?

AI도 비슷하게 작동합니다. 블로그 한 곳에서만 "B 제품이 좋다"라고 하면 참고 수준에 그칩니다. 하지만 블로그 10곳, 뉴스 5곳, 전문 리뷰 3곳에서 동일하게 "B 제품이 좋다"라고 하면 신뢰도가 상승합니다.

여기서 중요한 점이 하나 더 있습니다. 단순히 '많이 언급되었는가'보다 서로 독립적인 출처에서 언급되었는가가 더 중요합니다. 같은 보도자료를 그대로 옮긴 기사 10개는 신호가 약합니다. 반면 서로 다른 매체, 기관, 리뷰에서 반복하여 언급되면 신뢰 신호가 강해집니다.

대형 로펌이나 대표 기업이 AI 답변에 자주 등장하는 이유도 여기에 있습니다. 뉴스, 보고서, 논문, 커뮤니티 등 여러 맥락에서 반복적으로 등장하면, AI는 그 정보를 더 안정적으로 취급합니다.

조건 3. 최신 정보

AI는 오래된 정보보다 최근 정보를 먼저 반영하려는 경향이 있습니다. 물론 모든 분야에서 최신 정보가 항상 우선은 아닙니다. 하지만 변화가 빠른 분야에서는 최신성이 매우 중요합니다.

최신성이 특히 중요한 분야가 있습니다. IT·테크 분야는 1년 전 정보도 낡은 것이 될 수 있습니다. 트렌드·시장 분야는 작년 유행이 올해 유행이 아닙니다. 제품이나 가격, 정책 관련 정보는 모델, 가격, 규정이 자주 바뀝니다. 의료 분야는 새로운 연구 결과가 기존 권고를 수정할 수도 있습니다.

예시로 살펴보겠습니다. "스마트폰 추천해 주세요"라고 물었을 때, 2023년에 작성된 리뷰는 당시 기준의 추천이고, 2025년에 작성된 리뷰는 현재 기준의 추천입니다. 이 경우 AI는 질문의 맥락상 2025년 정보를 더 많이 반영합니다.

이 점이 우리에게 주는 시사점은 분명합니다. 홈페이지 정보가 수년째 업데이트되지 않았다면, AI는 '이 회사가 아직 활동 중인지'조차 확신하지 못할 수 있습니다. 정기적으로 새로운 정보를 발행하고, 기존 정보를 업데이트해야 하는 이유입니다.

조건 4. 구조화된 정보

AI도 사람처럼 정리가 잘 된 정보를 더 잘 이해하고 활용합니다.

구조화된 정보의 특징은 무엇일까요? 제목과 소제목으로 내용이 구분되어 있고, 핵심 내용이 명확하게 드러나 있으며, 목록이나 표, 단계별 설명 등으로 정리되어 있습니다. 또한 한 문장에 한 가지 정보만 담고 있습니다.

반대로, 구조화되지 않은 정보는 긴 문단에 여러 정보가 뒤섞여 있어 핵심이 무엇인지 파악하기 어렵고, 정보 간 관계가 명확하지 않습니다. 예를 들어 보겠습니다.

구조화되지 않은 버전

우리 회사는 2010년에 설립되었고 직원이 50명이며 서울에 본사가 있고 부산과 대전에 지사가 있으며 주요 사업은 소프트웨어 개발입니다. 또한 2024년 매출은 100억 원을 달성하였고…

구조화된 버전

- 설립: 2010년
- 직원 수: 50명
- 본사: 서울
- 지사: 부산, 대전
- 주요 사업: 소프트웨어 개발(헬스케어 전문)
- 2024년 매출: 100억 원

어떤 쪽이 이해하기 쉬운가요? AI도 마찬가지입니다. FAQ 페이지가 AI에게 인용되기 쉬운 이유도 질문 – 답변 구조로 명확하게 정리되어 있기 때문입니다.

우리 브랜드 정보, 이 조건을 갖추고 있나요?

AI가 신뢰하는 정보의 조건을 정리하면 다음과 같습니다. 이 조건들을 많이 갖출수록 AI가 우리 브랜드를 인용할 가능성이 높아집니다.

조건	설명	예시
출처가 분명함	출처가 확인 가능하고 검증·인용 이력이 있음	정부 문서, 학술 자료, 신뢰 매체
여러 곳에서 확인됨	독립적인 출처에서 일관되게 언급됨	다양한 리뷰·기사에서 같은 내용
최신 정보	질문 맥락에 맞는 최근 정보	정기 업데이트, 최신 자료
구조화됨	정리가 잘 되어 이해·인용이 쉬움	목록, 표, Q&A 형식

이 네 가지 조건을 갖춘 정보일수록 AI가 답변에 포함시킬 확률이 높아집니다. 우리 브랜드 정보가 조건을 갖추고 있는지 한번 점검해 보세요.

□ 출처: 공식 홈페이지에 우리 회사 정보가 충분히 있는가?
□ 확인 가능성: 우리 브랜드가 언론, 블로그, 리뷰 등 여러 곳에서 언급되고 있는가?
□ 최신성: 홈페이지 정보가 최근에 업데이트되었는가?
□ 구조화: 정보가 명확하게 정리되어 있는가?

네 가지 중 부족한 부분이 있다면, 그 부분부터 보완하면 됩니다.

홈페이지부터
바꿔라

공식 홈페이지 정보 업데이트하기

가장 먼저 할 일은 공식 홈페이지의 정보를 최신 내용으로 업데이트하는 것입니다. 회사 소개에 현재 주력 사업을 반영하고, 제품이나 서비스 페이지에 단종된 제품은 삭제하고 신제품을 추가하세요. 대표 실적은 최근 3년 이내의 정보고 바꾸고, 연혁에 최근 변화를 추가하며, 조직 소개도 현재의 부서 및 인력 구조를 반영해야 합니다.

구체적인 실행 방법을 알려드리겠습니다. 먼저 AI가 말한 잘못된 정보를 정확히 파악하세요. '2020년 설립'이라고 잘못 나왔다면 올바른 정보는 '2020년 사명 변경'이라고 홈페이지 회사 소개에 반영합니다. 고객사 리스트를 최근 목록으로 수정하고 뉴스룸에 최신 기사도 업데이트합니다.

홈페이지 점검하기

1. 텍스트 접근성

AI는 글자를 읽을 수 있지만 이미지 속 글자는 읽기 어렵습니다. 홈페이지의 중요한 정보가 이미지가 아닌 텍스트로 되어 있는지 확인하세요.

홈페이지가 AI에게 읽히는지 확인하는 가장 쉬운 방법이 있습니다. 마우스로 텍스트를 선택해서 복사해 보세요.

지금 바로 해보세요. 우리 회사 홈페이지에 접속하고, 메인 페이지의 회사 소개 문구를 마우스로 드래그합니다. Ctrl+C(복사)를 누르고, 메모장에 Ctrl+V(붙여넣기)를 해봅니다. 텍스트가 붙여넣기 되나요?

줄글로 복사가 된다면 텍스트입니다. AI가 읽을 수 있습니다. 만약 통으로 드래그된다면 그 부분은 이미지일 가능성이 높습니다. AI는 진짜 텍스트만 읽을 수 있고, 이미지 안에 들어있는 글자는 잘 인식하지 못합니다.

■ 이미지로만 되어 있는 홈페이지

　예를 들어 이 홈페이지는 예쁜 사진을 넣어 감각적으로 만들었지만, 글자가 이미지 속에 들어 있어 AI가 인식할 수 없습니다. 이런 경우 드래그할 수 있는 진짜 텍스트로 수정해야 합니다.

　또한 메인 페이지뿐만 아니라 제품/서비스 설명 페이지, 문의 페이지 등 고객이 자주 확인하는 핵심 페이지에서 중요한 정보가 텍스트로 되어 있는지 확인하세요.

핵심 페이지 점검

□ 메인 페이지의 핵심 메시지

□ 회사 소개 페이지

□ 제품/서비스 설명 페이지

□ 문의/연락처 페이지

만약 홈페이지를 새로 만들거나 개편한다면 이 원칙을 기억하세요.

잘못된 순서

1. 디자이너가 예쁜 시안을 만든다

2. 시안을 그대로 이미지로 올린다

3. 텍스트 정보는 따로 없다

올바른 순서

1. 전달할 정보를 텍스트로 정리한다

2. 그 텍스트를 웹페이지에 배치한다

3. 디자인으로 시각적 매력을 더한다

"먼저 텍스트로 정보를 작성하고, 그 위에 디자인을 입힌다." 순서가 중요합니다. 이렇게 하면 정보가 텍스트로 존재하면서도 예쁜 홈페이지를 만들 수 있습니다.

모든 페이지를 한 번에 고칠 필요는 없습니다. 중요한 페이지부터 시작하세요. 가장 먼저 수정해야 할 것은 회사나 브랜드 소개이고, 그다음은 주요 제품이나 서비스 설명, 그다음은 FAQ 또는 자주 묻는 질문, 마지막으로 고객 사례나 포트폴리오입니다. 이 네 가지만 텍스트로 바꿔도 큰 차이가 생깁니다.

또는 대체 텍스트를 넣는 것도 방법입니다. 이미지 자체는 AI가 읽기 어렵지만, 이미지에 이 이미지가 무엇인지 설명하는 텍스트를 달아둘 수 있습니다. 이것을 '대체 텍스트' 또는 'alt 태그'라고 부릅니다. 예를 들어 제품 사진에 "○○회사 공기청정기 AP-500 정면 사진"이라는 설명을 달아두면, AI가 이 이미지가 무엇인지 파악할 수 있습니다.

대체 텍스트가 있는지 확인하려면 이미지 위에 마우스 커서를 올려보세요. 설명 문구가 작은 말풍선으로 나타나면 대체 텍스트가 설정된 것입니다. 아무것도 안 뜨면 대체 텍스트가 없는 것입니다. 대체 텍스트 추가는 홈페이지 제작 업체에 요청해야 하는 작업입니다.

개발자 없이 할 수 있는 방법도 있습니다. 홈페이지를 직접 수정할 수 있다면, 이미지 안에 포함된 정보를 이미지 하단에 텍스트로 반영하세요. 제품 설명이라면 그 텍스트를 그대로 입력하면 됩니다.

홈페이지 자가 점검(각 1점, 총 5점)

□ 회사 소개 페이지에 이미지 속 글자가 아닌 텍스트로 된 설명이 있다

□ 제품이나 서비스 설명이 텍스트로 되어 있다

□ 주요 페이지에 있는 텍스트를 마우스로 드래그해서 복사할 수 있다

□ 스마트폰에서도 텍스트가 잘 보인다

□ 주요 이미지에 대체 텍스트가 달려 있다 (이미지 위에 마우스를 올리면 설명이 뜨는지 확인)

점수: _____ / 5점

2. 홈페이지 정보 구조화

AI는 잘 정리된 정보를 더 쉽게 이해합니다. 특히 '제목 태그'가 잘 설정되어 있으면 AI가 페이지의 구조와 내용을 훨씬 정확하게 파악할 수 있습니다.

H1, H2, H3 같은 제목 태그가 무엇일까요? 웹페이지를 만들 때 사용하는 '제목 표시 기능'입니다. H는 Heading(제목)의 약자이고, 숫자는 중요도를 나타냅니다. H1이 가장 큰 제목이고, H2는 그 아래 소제목, H3는 더 작은 소제목입니다. 책으로 치면 H1은 책 제목, H2는 장章 제목, H3는 절節 제목이라고 생각하면 됩니다.

일반 방문자 눈에는 그냥 글자 크기가 큰 제목으로 보이지만, AI와 검색엔진은 이 태그를 보고 '아, 이게 이 페이지의 핵심 주제구나' '이 부분은 세부 내용이구나'라고 구분합니다. 그래서 똑같이 글자를 크게 만들어도 제목 태그로 설정한 것과 그냥 글자 크기만 키운 것은 AI 입장에서 완전히 다릅니다.

홈페이지의 아무 페이지나 열고, 제목처럼 보이는 큰 글씨 위에서 마우스 오른쪽 버튼을 클릭한 뒤 '검사' 또는 '요소 검사'를 선택하세요. 화면 한쪽에 코드 창이 열리는

데, 거기서 해당 텍스트 앞에 ⟨h1⟩, ⟨h2⟩, ⟨h3⟩ 같은 표시가 있으면 제목 태그가 제대로 설정된 것입니다. 만약 ⟨p⟩나 ⟨div⟩, ⟨span⟩ 같은 표시만 있다면 제목 태그가 아니라 그냥 일반 텍스트입니다.

직접 확인하기 어렵다면 홈페이지를 만들어준 업체에 "우리 홈페이지에 H1, H2 제목 태그가 제대로 들어가 있나요?"라고 문의하면 됩니다.

홈페이지 정보 구조화 자가 점검(각 1점, 총 5점)

☐ 메뉴 구조가 명확하다

　　예시: 회사 소개, 제품/서비스, 고객지원 등으로 구분

☐ 각 페이지에 큰 제목(H1)이 하나 있고, 그 아래 소제목(H2, H3)으로 내용이 구분되어 있다

☐ 자주 묻는 질문(FAQ) 섹션이 있다

☐ 제품이나 서비스별로 각각 별도 페이지가 있다

☐ 연락처, 주소, 사업자 정보가 명확히 표시되어 있다

　　　　　　　　　　　　　　점수: _____ / 5점

3. 최신성

AI는 오래된 정보보다 최신 정보를 더 신뢰합니다.

홈페이지 최신성 자가 점검(각 1점, 총 5점)

☐ 홈페이지 정보가 1년 이내에 업데이트됐다

☐ 회사 소개 내용이 지금 현재 상태를 반영한다 (직원 수, 주요 사업 등)

☐ 제품이나 서비스 목록이 최신이다 (단종 제품이 아직 올라가 있지는 않은지)

☐ 오래된 글에는 "언제 작성됐는지" 날짜가 표시되어 있다

☐ 뉴스나 블로그 섹션이 있다면 최근 3개월 내에 작성한 글이 있다

점수: _____ / 5점

4. 신뢰성 신호

AI는 신뢰할 수 있는 곳의 정보를 더 많이 인용합니다.

홈페이지 신뢰성 자가 점검(각 1점, 총 5점)

☐ 공식 회사명과 사업자등록번호가 표시되어 있다

☐ 고객 후기 또는 실제 사례가 있다

☐ 수상 실적, 인증, 파트너사 등이 명시되어 있다

☐ 언론에 보도된 내용이나 외부 사이트 링크가 있다

☐ 연락 가능한 이메일이나 전화번호가 명확하다

점수: _____ / 5점

5. 총점 및 등급

총점: _____ / 20점

점수	등급	의미
16~20점	A등급	매우 좋음. AI가 정보를 잘 읽을 수 있는 상태다
11~15점	B등급	양호함. 일부만 개선하면 더 좋아진다
6~10점	C등급	보통. 여러 부분에서 개선이 필요하다
0~5점	D등급	시급함. 지금 바로 개선을 시작해야 한다

홈페이지 보강하기

방금 한 점검으로 나온 점수가 어떤가요? 만약 점수가 낮다면 당장 다음 워크시트를 따라 실천해 보세요. 단계적으로 진행하면 됩니다. 한 번에 바꾸기 힘들다면 첫 달에는 핵심 페이지 3개를 텍스트로 바꾸고, 두 번째 달에는 제품이나 서비스 페이지 텍스트를 보강하고, 세 번째 달에는 FAQ와 사례 페이지를 정비하는 등 한 달에 하나의 목표를 잡고 개선해도 괜찮습니다.

이번 주 안에 할 일 [혼자서 가능하거나 전문가 도움 필요]

☐ **가장 중요한 페이지 3개 선정하기**
  - 보통 메인 페이지, 회사 소개, 대표 제품/서비스 페이지입니다

☐ **각 페이지에 텍스트 설명 추가하기**
  - 이미지 아래나 옆에 같은 내용을 글로도 써주세요
  - 최소 200자 이상, 가능하면 300자 이상으로 쓰세요

☐ **제목(H1, H2) 구조를 정리하세요**("페이지마다 H1, H2 구조 잡아서 제목 태그 정리해 주세요"라고 업체에 요청)

☐ **홈페이지 수정 방법을 모르겠다면 홈페이지를 만들어준 업체에 "텍스트를 추가해 달라"라고 요청하거나 블로그에 같은 내용을 텍스트로 자세히 써서 올리세요**

☐ **페이지별 핵심 요약을 3줄로 넣으세요. AI는 요약된 정보를 좋아합니다**
  예시: 이 서비스는 어떤 서비스인지, 누구를 위한 건지, 어떤 결과를 주는지 등

이번 달 안에 할 일 [전문가 도움 필요]

☐ **이미지에 설명 텍스트 추가하기**

- 홈페이지 제작 업체에 "이미지 alt 태그를 추가해 달라"라
  고 요청하세요

  예시: 제품 사진이라면 "○○회사 프리미엄 공기청정기 AP-500
  제품 사진" 같은 설명 추가

☐ **표나 가격 정보가 이미지로 되어 있다면 텍스트로 바꾸기**

- 홈페이지 제작 업체에 요청하거나 당장 어렵다면 블로그에
  텍스트로 따로 올려두세요

- 특히 제품 스펙, 서비스 요금표 같은 중요 정보는 텍스트여
  야 합니다

3개월 안에 할 일 [전문가 도움 필요]

☐ **홈페이지 개편 검토하기**

- 이미지와 텍스트가 균형 잡힌 디자인으로 바꾸는 것을 고려하세요

- 업체에 요청할 때 "AI가 읽을 수 있도록 텍스트 비중을 높여달라"라고 말하세요

홈페이지 없이도
AI에 제대로 나오는 방법

"우리는 작은 가게라 홈페이지는 따로 없는데요?" 홈페이지가 없어도 AI에게 인식될 수 있습니다. 다음 플랫폼들을 활용하세요. 모두 무료로 등록할 수 있습니다.

필수 플랫폼 등록하기

필수로 등록해야 하는 플랫폼이 있습니다. 네이버 검색과 지도에 브랜드 정보가 나오도록 만드는 네이버 스마트플레이스, 구글 검색과 지도에 우리 브랜드가 나오도록 만드는 구글 비즈니스 프로필, 회사 소개 글이나 콘텐츠를 발행할 수 있는 네이버 블로그입니다.

네이버 스마트플레이스는 사업자등록증만 있으면 누구나 등록할 수 있습니다. 검색창에 '네이버 스마트플레이스'를 검색하면 등록 페이지가 나오고 상호명, 주소, 전화번호, 영업시간, 사진 등을 입력하면 됩니다. 그럼 네이버 검색과 네이버 지도에 우리 가게가 나타납니다.

구글 비즈니스 프로필은 외국인 고객이 있거나, 영어로 검색하는 사람들에게 노출되려면 필수로 등록해야 합니다. 구글 계정(지메일)이 있으면 무료로 등록할 수 있습니다. 검색창에 '구글 비즈니스 프로필'을 검색하면 등록 페이지가 나옵니다. 네이버 스마트플레이스와 비슷하게 업체 정보를 입력하면 구글 검색과 구글 지도에 우리 가게가 나타납니다.

네이버 블로그는 홈페이지가 없다면 우리 회사나 가게

필수 플랫폼
□ 네이버 스마트플레이스 등록
□ 구글 비즈니스 프로필 등록
□ 네이버 블로그 개설

를 소개하고 정보를 제공하기 좋습니다. 네이버 아이디만 있으면 바로 만들 수 있습니다. 블로그 이름을 회사명이나 브랜드명으로 설정하고 첫 글로 우리 회사나 가게 소개를 작성하세요.

업종별 추가 플랫폼 등록하기

업종에 따라 자기 분야의 플랫폼에 추가로 등록하면 좋습니다. 검색창에 플랫폼 이름을 검색하면 등록 방법을 안내하는 페이지를 찾을 수 있습니다.

어떤 플랫폼에 등록해야 할지 모르겠다면, AI에게 "(내 업종) 업체 찾을 때 어디서 검색해?"라고 물어보세요. AI가 추천하는 플랫폼이 고객들도 많이 쓰는 플랫폼입니다.

업종별 추가 플랫폼

- 음식점/카페: 카카오맵, 망고플레이트, 다이닝코드
- 숙박업: 여기어때, 놀, 에어비앤비
- 병원/의원: 굿닥, 똑닥
- 학원/교육: 학원의신, 학원맵, 런즈
- 전문서비스(변호사, 세무사 등): 해당 협회 회원 검색 등록

최신 정보 적극 발행하기

홈페이지만 고쳐서는 부족합니다. AI가 '아, 이 회사가 이제 이렇게 바뀌었구나'를 학습하려면 여러 곳에서 최신 정보를 확인해야 합니다. 내부 채널뿐만 아니라 외부 채널도 적극적으로 활용해야 합니다.

보도자료를 발행하세요. 변화가 생겼다면 보도자료로 알려야 합니다. '2025 일자리 창출 유공 정보 포상' '아시아 태평양 고성장 기업 500 선정'과 같이 축하할 만하고 기념비적인 일도 좋지만, 그런 게 없다면 서비스 출시나 제품 리뉴얼 같은 주제로 발행할 수 있습니다. 보도자료는 자사 홈페이지 뉴스룸에 올리고, 보도자료 배포 서비스를 활용하거나, 해당 분야를 주로 취재하는 기자에게 직접 메일을 발송할 수도 있습니다.

블로그로 변화 스토리를 설명하는 것도 좋습니다. 보도자료는 딱딱할 수 있으니, 블로그에 쉽게 풀어서 설명하세요. "왜 우리는 AI를 접목한 마케팅 서비스를 생각했을까?"처럼 쉬운 제목으로 시작하면 됩니다. 해당 분야의 전문성이 있는 글은 AI가 회사의 변화를 이해하는 데 도움이 됩니다.

자체 블로그뿐만 아니라 우리 분야의 전문성을 가진 블로그를 운영하는 인플루언서를 통해 콘텐츠를 발행하는 것도 효과적입니다. AI는 특정 분야의 전문 정보가 많은 채널을 선호합니다. 오랫동안 한 분야에 전문성을 가지고 콘텐츠를 발행한 채널이라면 우리 정보도 쉽게 인용될 수 있습니다.

일관된 정보 유지하기

홈페이지는 A라고 하는데, 네이버 블로그는 B라고 하고, 페이스북은 C라고 하면 AI가 혼란스러워합니다. 모든 채널에서 같은 정보를 제공해야 합니다.

홈페이지 회사 소개, 네이버 블로그 프로필, 인스타그램 프로필, 페이스북 페이지 소개, 링크드인 회사 페이지를 확인해 보세요. 모두 같은 설명을 사용하고 있나요?

회사 소개 표준 버전을 하나 만들어두고, 모든 채널에 같은 내용을 사용하세요. 함샤우트 글로벌은 홈페이지, 보도 자료, 제안서, 회사 소개자료 등 모든 자료에 "컨택트와 언택트 시대를 넘어, 디지털 딥택트 시대로! IMC를 선도해온 함샤우트 글로벌이 디지털 딥택트 커뮤니케이션의 시대를 열어갑니다. 함샤우트 글로벌은 AI 마케팅 혁신으로 브랜드와 소비자를 연결하는 디지털 딥택트 리더입니다"라는 문구를 일관되게 사용하고 있습니다. 여러분도 표준 소개문을 만들고 이 문장을 모든 채널의 회사 소개에 반영하면 됩니다.

우리 회사 정보
업데이트하기

오늘부터 할 수 있는 것들입니다. 홈페이지에서 더 이상 유효하지 않거나 지나치게 오래된 정보가 있는지 찾고 최신 정보로 업데이트하세요. AI가 틀리게 말한 정보에 대해 정확한 사실을 담은 블로그 글 1개를 작성하세요. 보도자료 1건을 발행하고, 모든 채널의 회사 소개가 일치하도록 수정하세요.

효과가 나타나는 기간도 알아두세요. 효과는 즉시 나타나지 않습니다. AI가 새로운 정보를 학습하는 데는 시간이 걸립니다. 어떤 조치는 단 2주 만에 결과로 반영되기도 하지만, 많은 경우 2~3개월 뒤부터 일부 AI에서 변화가 감지

될 것입니다. 그리고 6개월 뒤에는 대부분의 AI에 최신 정보가 반영됩니다. 꾸준히 최신 정보를 발행하는 것이 핵심입니다.

오늘 당장 할 일 [혼자서 가능]

☐ **홈페이지에서 틀린 정보 찾아서 수정하기**

- 예전 주소나 전화번호가 남아 있지 않은지 확인하세요

- 단종된 제품이 아직 올라가 있지 않은지 확인하세요

- 바뀐 서비스 내용이 반영되어 있는지 확인하세요

_____

☐ **회사 소개 페이지에 업데이트 날짜 추가하기**

- "마지막 업데이트: 2026년 ○월"처럼 추가하세요

이번 주 안에 할 일 [혼자서 가능]

☐ **자주 틀리게 나오는 정보에 대해 블로그 글 작성하기**

- AI가 우리 회사 설립연도를 틀리게 말한다면, 블로그에 "○○회사 소개: 2005년 설립" 같은 글을 써서 정확한 정보를 명시하세요

- 글 제목과 본문에 정확한 정보를 명확하게 써주세요

- "2026년 ○월 기준 정보입니다" 같은 날짜 표시를 꼭 넣으세요

☐ **여러 플랫폼의 정보를 동일하게 맞추기**

- 홈페이지, 네이버 스마트플레이스, 구글 비즈니스 프로필, 카카오맵 등 플랫폼에 기재된 정보를 통일하세요

- 상호명, 주소, 전화번호, 영업시간, 대표 로고가 모두 똑같아야 합니다

- 하나라도 다르면 AI가 혼란스러워합니다

장기적으로 할 일 [혼자서 가능]

☐ 3개월마다 모든 플랫폼 정보 점검하는 습관 만들기

☐ 중요한 변경사항(주소, 전화, 서비스 등의 변경)이 생기면 즉시

모든 곳에 반영하기

문제3

4장
AI가 경쟁사만
추천한다면

우리는 안 나오고
경쟁사만 나오는 이유

AI에 질문했을 때 우리 기업은 안 나오고 다른 경쟁사만 언급되는 경우도 흔합니다. 경쟁사의 온라인 존재감이 더 크거나, 경쟁사가 다루는 주제가 AI 검색에 더 최적화된 경우입니다. 혹은 우리 회사에 관해 AI가 학습할 온라인 정보가 부족해서일 수 있습니다.

이런 여러 가지 이유로, 시장에서는 우리도 잘 알려져 있는데 AI의 답변에는 우리만 빠질 수도 있습니다. AI에게 직접 우리 브랜드를 물어보면 대답하지만, 업종이나 브랜드를 추천해 달라는 질문에는 안 나올 수도 있습니다. 혹은 작년까지는 나왔는데 올해부터 안 나올 수도 있습니다.

경쟁사 3개 선정하기

먼저 정확하게 확인하기 위해 비교 대상을 선정해야 합니다. 직접 경쟁사 두 곳과 간접 경쟁사 한 곳, 총 세 곳을 선택하세요. 직접 경쟁사는 우리와 같은 업종에서 비슷한 규모로 경쟁하는 회사입니다. 같은 지역에서 영업하는 PC방이나 꽃집, 비슷한 가격대의 제품을 파는 브랜드가 여기에 해당합니다.

간접 경쟁사는 우리보다 크거나 유명한 업체 한 곳을 선택합니다. 업계 1위 브랜드나 대기업처럼 업계를 대표하는 곳을 골라보세요. 이런 곳이 AI에서 어떻게 노출되는지 보면 배울 점이 많습니다.

경쟁사를 선정했다면 우리 브랜드를 직접적으로 언급하지 않고, 잠재 고객이 궁금해할 만한 요소를 남아 질문을 던져보세요. 그러면 경쟁사와 비교할 수 있는 답변이 나옵니다.

"(업종) 추천해 줘"라고 물어본 뒤 우리가 나오는지, 경쟁사 A, B, C는 나오는지 그리고 누가 먼저 언급되는지 확인해 보세요.

다음으로 "(우리 브랜드)와 (경쟁사 A)를 비교해 줘"라고 물으면 AI가 어떤 기준으로 두 브랜드를 비교하는지, 각각의 강점을 어떻게 설명하는지 볼 수 있습니다.

그리고 다음 양식을 활용해서 비교 결과를 정리해 보세요. 각 AI 서비스에서 언급되는지 여부, 언급 순서, 출처 개수, 공식 홈페이지 인용 여부를 체계적으로 기록하면 경쟁사와의 차이가 한눈에 보입니다.

■ 우리 브랜드와 경쟁사 비교하기

항목	우리 브랜드	경쟁사 A	경쟁사 B	경쟁사 C
챗GPT 언급 여부	O / X	O / X	O / X	O / X
언급 순서 (언급 시)				
퍼플렉시티 언급 여부	O / X	O / X	O / X	O / X
출처 개수				
공식 홈페이지 출처 포함	O / X	O / X	O / X	O / X

만약 이 비교 결과에서 우리 브랜드가 가장 좋지 않다면? 아직 실망하기는 이릅니다. 경쟁사와 비교해서 우리 위치를 확인하고, 개선해 나가야 합니다.

경쟁사보다
먼저 나오는 법

경쟁사를 벤치마킹하기

가장 먼저 경쟁사를 벤치마킹하세요. 경쟁사를 베끼는 게 아니라, 무엇이 효과적인지 배우는 겁니다. 앞서 AI 답변 결과를 분석했던 순서대로 경쟁사가 언급된 답변을 분석하면 됩니다. 그리고 경쟁사가 가지고 있는 채널과 콘텐츠를 조금 더 자세히 들여다봅니다.

경쟁사 홈페이지 구조를 살펴보세요. 어떤 메뉴가 있고, 어떤 콘텐츠 섹션(블로그, FAQ, 사례, 가이드 등)이 있는지 확인합니다. 경쟁사 블로그나 뉴스룸도 확인하세요. 주제는 무엇이고, 얼마나 자주 발행하며, 어떤 글이 조회수가 높은지 확인합니다. 경쟁사 FAQ도 봐야 합니다. 어떤 질문을 다루는지, 우리도 같은 질문을 받는지, 우리는 답변을 만들어뒀는지 확인합니다. 마지막으로 경쟁사가 언론에 얼마나 노출되었는지 확인하세요. 퍼플렉시티에서 경쟁사를 검색해서 출처를 확인하고, 어떤 매체에 어떤 주제로 언급되었는지 파악합니다.

분석 후에는 경쟁사가 하는 것 중 우리도 할 수 있는 것 세 가지를 선택하세요. 예를 들어 경쟁사가 우리와 같은 분야의 정보를 바탕으로 블로그에 시리즈 콘텐츠를 발행하고, FAQ 내용이 더 깊이 있고 종류가 많고, 보도자료를 기반으로 한 기사가 분기에 1번 이상 나왔다는 사실을 확인했다고 가정해 봅시다.

그렇다면 우리가 당장 실행할 수 있는 것은 무엇일까요? 블로그를 시작해 볼 수 있습니다. 당장 많은 양의 다양한 글을 써내기는 어렵지만 최소 월 2회 정도는 시도해 볼 수 있습니다.

FAQ도 보강할 수 있습니다. 지금 있는 수준에서 경쟁사가 다루지만 우리가 다루지 않는 정보가 있다면 질문과 답변을 우리 스타일에 맞춰 추가합니다.

기사를 낼 만한 이슈가 없는지 점검하고 보도자료를 작성해 배포해 볼 수도 있습니다. 이처럼 우리 브랜드가 AI 답변에 언급되지 않을 때 취해야 할 조치는 경쟁사의 활동을 통해 많은 부분 아이디어를 얻을 수 있습니다.

경쟁사 벤치마킹 체크리스트

☐ 경쟁사 홈페이지 살펴보기

☐ 경쟁사 블로그, 뉴스룸에서 조회수 높은 글이 무엇인지 확인하기

☐ 경쟁사 FAQ 확인하고 우리 FAQ 보완하기

☐ 퍼플렉시티에서 경쟁사를 검색해 언론 노출과 출처 확인하기

☐ 경쟁사가 하는 것 중 우리도 실천할 수 있는 것 세 가지 정해서 실행하기

꾸준한 노출 확대

경쟁사와의 격차를 줄이려면, 온라인 존재감을 지속적으로 늘려야 합니다.

자체 채널을 강화하세요. 블로그와 뉴스룸에 기사를 정

기적으로 발행하고, 홈페이지 콘텐츠를 확충하며, 고객 사례를 지속적으로 업데이트합니다. 외부 기고 및 인터뷰도 좋습니다. 업계 매체에 기고하고, 팟캐스트에 출연하며, 유튜브 채널과 협업하세요. 언론 홍보도 중요합니다. 분기별로 보도자료를 발행하고, 실적이나 신규 서비스를 알리며, 기자 네트워킹을 하세요.

한 번에 다 하려고 하지 마세요. 우선순위를 정하세요. 3개월 목표를 예로 들면, 자체 블로그는 포스팅을 주 1회

노출 확대 체크리스트

☐ 블로그, 뉴스룸 정기적으로 발행하기

☐ 홈페이지 콘텐츠 늘리기

☐ 고객 사례 지속적으로 업데이트 하기

☐ 외부 기고 혹은 유튜브 채널이나 팟캐스트에 출연하여 인터뷰 하기

☐ 분기별 보도자료 발행하여 기자 네트워킹 만들기

☐ 위 내용 중 우선순위와 시도 횟수 정하기

☐ 6개월 후 AI 브랜드 변화도 체크하기

발행해서 총 12개 글을 작성하고, FAQ 페이지는 30개를 완성하고, 보도자료는 1건을 발행하고, 외부 기고도 1건 시도하는 것입니다.

6개월 후에는 AI 브랜드 체크를 다시 실행하고, 경쟁사 대비 우리 회사의 언급 빈도 변화를 확인하고, 어떤 콘텐츠가 AI에게 인용되었는지 분석합니다.

차별화된 전문성으로 틈새 공략하기

단순히 경쟁사를 따라잡으려고만 하지 마세요. 경쟁사가 다루지 않는 영역을 찾으세요. 우리가 특별히 잘할 수 있는 점을 찾기 위해 팀 미팅을 하면서 우리의 강점을 찾아보세요.

이런 질문을 스스로 해보면 좋습니다.

"우리 고객이 우리를 선택한 이유는 무엇인가?"

"경쟁사는 하지 않는데 우리만 제공하는 서비스는 무엇인가?"

"우리가 특히 많이 다룬 산업이나 고객군은 어디인가?"

"우리만의 노하우나 프로세스는 무엇인가?"

한 웨딩 플래너 업체의 경우를 봅시다. 대형 웨딩 컨설팅 업체들은 '호텔 웨딩' 전반을 다루지만, 이 업체는 '제주도 스몰 웨딩·야외 웨딩'을 특화했습니다. '30명 이하 제주도 스몰 웨딩 준비 가이드' '제주도에서 야외 웨딩을 계획할 때 플랜 B 체크리스트' '제주도 소규모 웨딩 예산 500만 원대로 준비하는 법' 같은 차별화 콘텐츠를 제작했습니다. 결과적으로 '제주도 스몰 웨딩 플래너'로 검색하면 이 업체가 상위에 노출됩니다. 대형 업체와 정면 승부는 어렵지만, 틈새에서는 전문가로 인식되는 것입니다.

경쟁사가 다루지 않는 구체적 주제를 찾으세요. 위의 웨딩 플래너를 예로 들면, 경쟁사가 '웨딩 준비 체크리스트'처럼 일반적인 주제를 다룰 때 우리는 '제주도 야외 웨딩을 위한 웨딩드레스 선택 가이드'처럼 특화된 주제를 다루면 됩니다. 경쟁사가 '결혼 비용 절약법'처럼 광범위한 주제를 다룬다면 우리는 '주말 대신 평일 웨딩, 실제로 얼마나 절약될까?'처럼 세부적인 주제를 다루면 됩니다. 구체적이고 타깃이 명확할수록 AI가 그 질문을 받았을 때 우리 콘텐츠를 인용할 확률이 높아집니다.

작은 기업일수록
컨셉을 확실히 하라

'AI에는 큰 기업만 잘 노출되는 것 아니야?'라고 생각하실 수 있습니다. 하지만 작은 기업에는 오히려 강점이 있습니다. 대기업은 변화가 느립니다. 의사결정 단계가 많고, 기존 시스템을 바꾸기 어렵습니다. "지금까지 이렇게 해왔는데 군이 바꿔야 하나?" 싶은 관성도 있죠.

작은 기업은 빠릅니다. 오늘 결정하면 내일 실행할 수 있습니다. 실험하고, 실패하고, 다시 시도하는 사이클이 빠릅니다. 앞서 배운 방법들을 떠올려 보세요. 홈페이지에 텍스트 정보를 추가하고, FAQ 페이지를 만들고, 블로그에 꾸준히 글을 쓰는 것들 말입니다. 이 중에 대기업만 할 수 있는 게 뭐가 있나요? 없습니다. 작은 회사도, 심지어 1인 기업도 다 할 수 있습니다.

AI는 더 이상 유명세만 보지 않는다

기존 검색엔진을 생각해 보세요. 네이버나 구글에서 '커피숍 추천'을 검색하면, 대부분 대형 프랜차이즈나 광고를 많이 하는 곳이 먼저 나왔습니다. 트래픽이 많고, 백링크가 많고, 브랜드 인지도가 높은 곳이 유리했죠.

AI 검색은 조금 다릅니다. 챗GPT, 제미나이, 퍼플렉시티 같은 AI 검색엔진들은 단순히 어디가 유명한가만 보지 않습니다. '이 질문을 하는 사람에게 정말 도움이 되는 정보가 무엇인가'를 파악하려고 합니다.

예를 들어 누군가가 "내 주변에 조용히 작업할 수 있는 독립 카페 추천해 줘"라고 물었다고 해봅시다. 이 질문에 스타벅스를 추천하는 건 적절하지 않습니다. AI는 질문의 맥락을 이해합니다. '조용히' '작업' '독립 카페'라는 단어에서 이 사람이 원하는 게 뭔지 파악하고, 그에 맞는 답변을 구성하려고 합니다. 이 과정에서 규모가 작더라도 질문 의도에 딱 맞는 정보가 있다면, AI가 그것을 답변에 반영할 가능성이 생깁니다.

또한 AI는 회사 규모를 보는 게 아니라, 정보의 품질을 봅니다. 대기업이라고 무조건 AI에게 인용되는 것이 아닙니다. 대기업 홈페이지도 정보가 부실하거나, 이미지로만 되어 있으면 AI가 인용하기 어렵습니다. 반대로 작은 회사라도 좋은 정보를 잘 정리해서 제공하면 AI가 찾아서 인용합니다.

이건 공정한 경쟁입니다. 돈이 많다고, 직원이 많다고 무조건 유리하지 않습니다. 좋은 정보를 만드는 회사가 유리합니다. 틈새시장에서 전문성을 쌓은 작은 회사가 총체적으로 접근하는 대기업보다 특정 질문에 더 좋은 답을 제공할 수 있습니다.

AI가 지역 정보를 읽는 방식

AI 검색엔진들은 웹에 있는 다양한 정보를 읽어들입니다. 그중에서 지역 비즈니스 정보도 포함됩니다.

여러분이 네이버 플레이스나 구글 비즈니스 프로필에 등록해둔 정보를 떠올려 보세요. 가게 이름, 주소, 전화번호, 영업시간, 제공하는 서비스, 사진, 고객 리뷰. 이런 정보들은 '구조화된 데이터'라고 불립니다. 일정한 형식으로 정리되어 있어서 AI가 이해하기 쉬운 정보입니다.

AI는 이런 구조화된 정보를 활용해서 "분당에서 초등학생 영어 파닉스 잘 가르치는 곳"이나 "성수동에서 비건 디저트 파는 카페" 같은 구체적인 질문에 답변을 구성할 수 있습니다.

핵심은 이겁니다. 예전에는 이런 로컬 정보를 대형 포털의 지도 서비스에서만 찾을 수 있었습니다. 하지만 이제 AI 검색엔진들도 이 정보를 읽고 답변에 반영합니다. 대형 브랜드만 혜택을 보는 게 아니라, 정보를 잘 정리해 둔 작은 가게도 AI 답변에 등장할 수 있는 구조가 만들어지고 있는 것입니다.

우리만의 특화된 컨셉을 찾아 강조하라

"강남역 근처 IT 스타트업 법률 자문 잘하는 곳이 어디야?"

이 질문에 김앤장 같은 대형 로펌보다 IT 스타트업 전문 중소형 법무법인이 더 적절한 답일 수 있습니다. 만약 그 법무법인이 홈페이지와 블로그에 관련 정보를 잘 정리해

됐다면, AI가 추천할 가능성이 높습니다.

AI가 기존 검색엔진과 근본적으로 다른 점이 있기 때문입니다. 바로 '맥락 이해' 능력입니다. 기존 검색엔진은 키워드를 매칭했습니다. '강남 세무사'를 검색하면, '강남'과 '세무사'라는 단어가 많이 들어간 페이지를 찾았습니다.

반면 AI 검색엔진은 질문의 의도를 해석합니다. "1인 사업자인데 종합소득세 신고 처음 해보는 거라 친절하게 설명해 주는 세무사 찾고 있어"라고 물으면, AI는 이 질문에서 여러 가지를 파악합니다. 1인 사업자라는 상황, 종합소득세 신고라는 구체적인 과제, 처음이라 친절한 설명이 필요하다는 맥락. 그리고 이 맥락에 맞는 정보를 찾으려 합니다.

이게 작은 브랜드에 기회가 되는 이유입니다. 대형 세무법인은 '세무사'라는 일반 키워드에서는 강합니다. 하지만 '1인 사업자 종합소득세 친절한 상담'이라는 구체적인 맥락에서는, 그 분야에 특화된 작은 세무사무소가 더 적합한 답변일 수 있습니다. AI는 '유명한 곳'보다 '이 질문에 적합한 곳'을 찾으려 하기 때문입니다.

일반적인 키워드에서는 대형 브랜드가 여전히 유리하

지만, 구체적인 상황과 니즈에서는 그 분야에 특화된 작은 브랜드에도 기회가 있습니다. 그러니 모든 키워드에서 이기려고 하지 마세요. 대신 여러분이 특히 잘하는 구체적인 영역을 찾으세요. 그 영역에서 깊이 있는 정보를 쌓고 브랜드의 컨셉을 공고히 하세요.

'영어학원'에서 대형 프랜차이즈를 이기긴 어렵습니다. 하지만 '초등 저학년 파닉스 전문'에서는 충분히 존재감을 만들 수 있습니다.

'세무사'에서 대형 법인을 이기긴 어렵습니다. 하지만 '1인 사업자 종합소득세 전문'에서는 여러분이 더 적합한 답변이 될 수 있습니다.

AI 시대의 경쟁은 누가 더 유명한가가 아니라 누가 이 질문에 더 적합한 답변을 가지고 있는가입니다. 작은 브랜드에도 기회는 열려 있습니다. 그 기회를 잡을지 말지는 여러분의 선택입니다.

경쟁사 분석하고
차별화하기

오늘부터 할 수 있는 것들입니다. 퍼플렉시티에서 경쟁사 3곳을 검색해서 출처를 확인하고 분석하세요. 경쟁사가 인용되는 페이지 유형을 파악하세요. 우리만의 차별화 주제 다섯 가지를 선정하고, 해당 주제로 블로그 글 또는 FAQ 작성을 시작하세요. 이번 달 보도자료 1건도 준비하세요.

경쟁사를 한 번에 따라잡을 수는 없습니다. 하지만 꾸준히 콘텐츠를 쌓고 우리만의 전문성을 보여주면, 6개월에서 1년 뒤에는 분명한 차이가 생깁니다. 장기전입니다.

이번 주: 분석하기

☐ **퍼플렉시티에서 경쟁사 이름으로 검색해 보기**

- "(경쟁사 이름)이 뭐야?"라고 질문하세요

- AI가 어떤 정보를 보여주는지, 출처가 어디인지 확인하세요

- 경쟁사 홈페이지에 어떤 정보가 있는지 직접 방문해서 살펴보세요

☐ **경쟁사와 우리의 온라인 정보량 비교하기**

- 경쟁사 블로그 글은 몇 개인가?

- 경쟁사가 뉴스에 나온 적 있는가?

- 경쟁사 정보가 어떤 플랫폼에 등록되어 있는가?

이번 달: 차별화하기

☐ 경쟁사가 다루지 않는 우리만의 주제 5개 찾기

- 우리가 특별히 잘하는 것, 경험이 많은 분야는?

- 특정 고객층에게만 해당하는 전문적인 주제는?

  예시: 경쟁사가 일반적인 세무 정보만 다룬다면, 우리는 '스타트업 세무' '프리랜서 세금' 같은 특화 주제를 다룰 수 있습니다

☐ 각 주제로 블로그 글 작성하기

- 깊이 있는 내용으로 블로그 글을 작성하세요(최소 800자, 가능하면 1000자 이상)

- 실제 사례나 구체적인 숫자가 있으면 더 좋습니다

  예시: "3개월 사용 시 평균 27% 개선"

- "이 글은 ○○분야 10년 경력의 전문가가 작성했습니다" 같은 문장도 신뢰성을 높여줍니다

- 글에서 브랜드명을 반복적으로 노출하면 AI는 '이 정보=이 브랜드'로 인식합니다

  예시: "○○회사에서는 이런 방식으로 진행합니다"

장기적으로 할 일

☐ **블로그 글 꾸준히 올리기 (주 1회)**

☐ **고객 후기와 사례 연구 모으기**

- 실제 데이터 기반으로 사례를 모으고 블로그에도 올리세요

  예시: "고객 A 후기: 3개월 만에 ○○ 변화" "실제 상담 사례 공개"

☐ **언론 보도나 외부 인용 기회 찾기**

- 언론에 보도자료를 보내세요. 검색창에 "(내 업종) 보도자료 배포"를 검색하면 보도자료를 뉴스에 보내는 서비스를 찾을 수 있습니다
- 우리 업종과 관련된 뉴스 기사에 전문가로서 의견을 제공할 기회를 찾아보세요

문제4

5장

아무리
많은 콘텐츠를 올려도
AI가 모른다면

AI가 선택하는 콘텐츠는 따로 있다

특정 브랜드가 자주 언급되는 패턴

인테리어 자재 기업에 AI 검색 트렌드와 AI 활용 방안 강의를 한 적이 있습니다. 강의를 위해 사전에 AI 검색 테스트를 했죠. 여러 AI에게 바닥재, 창호, 단열재 관련 질문을 던져보는 거였습니다. 그런데 흥미로운 패턴이 발견됐습니다. 그 브랜드가 유독 자주 언급되는 겁니다.

"아이가 있는 집에 좋은 바닥재 추천해 줘."

챗GPT, 제미나이, 퍼플렉시티 모두에서 L사의 특정 제품이 가장 먼저 언급됐습니다.

"층간소음 줄이는 바닥재 뭐가 좋아?"

역시 같은 브랜드가 상위에 나왔습니다.

"친환경 바닥재 추천해 줘."

또 그 브랜드였습니다. 우선 박수를 한 번 크게 치자고 권유했습니다. 해당 브랜드에는 정말 좋은 일이었죠. 그리고 브랜드 담당자에게 물었습니다.

"혹시 AI 최적화를 위해 특별히 뭔가 하셨나요?"

담당자가 고개를 저었습니다.

"아니요, 저희는 AI 관련해서 따로 한 게 없는데요."

출처를 따라가 보니

왜 이 브랜드가 유독 AI에게 자주 인용될까요? 퍼플렉시티에서 출처를 확인해 봤습니다. 퍼플렉시티는 답변과 함께 참고한 출처를 보여주거든요. 출처 목록을 보니, 대부분이 그 브랜드의 공식 홈페이지와 블로그였습니다.

홈페이지에 들어가 확인해 봤습니다.

먼저, 주제별로 충실한 설명이 있었습니다. '층간소음 바닥재'를 검색하면, 층간소음의 원인, 바닥재가 소음을 줄이는 원리, 자사 제품의 기술 설명이 상세하게 나와 있었습니다. 단순히 "우리 제품 좋아요"가 아니라, 소비자가 궁금해할 정보가 체계적으로 정리되어 있었습니다.

둘째, 소비자 질문에 충분히 답이 되는 형식이었습니다. 시공 사례를 제공하는 커뮤니티 섹션을 보니, 글 제목 자체가 사람들이 AI에게 묻는 질문과 거의 똑같은 형태의 제목이었습니다.

- "서울 목동 ○○아파트 인테리어 후기. 쌍둥이 가족을 위한 소통형 공간 35평"
- "성남시 ○○동 ○○아파트 인테리어 후기. 실용부터 감성까지 1인 가구를 위한 25평"
- "30평대 아파트 인테리어, 바닥재로 층간소음을 줄인 ○○○ 아파트"

셋째, 텍스트와 이미지의 균형이 좋았습니다. 예쁜 이미지만 있는 게 아니었습니다. 이미지 아래에 상세한 텍스트 설명이 있었습니다. 제품 스펙, 설치 방법, 관리 요령이 글로 정리되어 있었고, AI가 충분히 읽고 이해할 수 있는 형태였습니다.

특별히 AI 대응을 한 게 아닌데요?

담당자에게 다시 물었습니다.

"블로그를 언제부터 운영하셨어요?"

"한 6~7년 됐을 거예요. 처음에는 SEO 목적으로 시작했는데, 고객이 자주 묻는 질문에 답하는 형식으로 계속 글을 올렸어요."

"업데이트는 자주 하시나요?"

"네, 계속해서 시공 사례를 고객 실제 사례를 활용해 올리고 있어요. 다양한 소셜 채널에서 소비자들이 찾고 좋아하는 글을 벤치마킹해서 홈페이지에서도 발행하고 있죠."

여기서 핵심이 보입니다. 이 브랜드는 AI를 위해 특별히 뭔가를 한 게 아닙니다. 그냥 수년간 꾸준히 고객에게 유용한 정보를 제공해 온 것뿐입니다. 하지만 그 과정에서 자연스럽게 AI가 좋아하는 콘텐츠의 조건을 갖추게 됐습니다.

출처가 분명합니다. 공식 홈페이지와 공식 블로그에서 발행됐으니까요. 소비자 질문에 대한 직접적인 답이 있습니다. 질문 형식의 글 제목과 내용이니까요. 정보가 구조화되어 있습니다. 체계적으로 설명하니까요. 최신 정보입니다. 정기적으로 업데이트하니까요. 그리고 텍스트 기반이라 AI가 읽을 수 있는 형태입니다.

"그동안 운영해 오신 블로그가 AI 시대의 좋은 연료가 됐네요."

제가 담당자에게 한 말입니다.

"SEO 목적으로 콘텐츠를 발행하셨다고 했는데, 그게 결과적으로 AI 시대에 엄청난 자산이 됐네요. 6~7년 치 콘텐츠가 AI 학습 데이터에 들어가 있을 거예요."

담당자가 웃으며 말했습니다.

"그러고 보니 그렇네요. 저희는 그냥 고객한테 도움 되는 정보 올리자, 이 생각으로 했는데."

이 사례가 보여주는 게 있습니다. AI에게 선택받는 콘텐츠의 비밀은 사실 새로운 게 아닙니다. 고객에게 진짜 유용한 정보를 제공하고, 그걸 꾸준히 쌓아온 브랜드가 AI 시대에도 선택받습니다. AI가 새로운 룰을 만든 게 아니라, 좋은 콘텐츠가 보상받는 구조가 더 명확해진 것뿐입니다.

우리 브랜드 콘텐츠는 어떨까요?

이 사례를 보면서 자문해 볼 필요가 있습니다. 우리 홈페이지에 고객이 궁금해하는 정보가 충분히 있는가? 그 정보가 AI가 읽을 수 있는 텍스트 형태인가? 정기적으로 새로운 콘텐츠를 발행하고 있는가? 고객 질문에 직접 답하는 형식의 콘텐츠가 있는가?

만약 "아니요"란 대답이 많다면, 지금부터 시작하면 됩니다. 6~7년이 아니어도 괜찮습니다. 지금 시작하는 것과 시작하지 않는 것의 차이는 6개월 후, 1년 후에 분명히 나타납니다.

"저희 회사는 대기업도 아니고, 브랜드 마케팅팀도 없는데요." 이런 생각이 드셨나요? 사실 이 원리는 자신의 전문성을 알리고 싶은 누구에게나 해당됩니다.

세무사 사례를 생각해 볼까요?

"종합소득세 신고 어떻게 해?"라고 AI에게 물으면 AI는 어디서 답을 찾을까요? 국세청 홈페이지? 물론 기본 정보는 거기서 가져옵니다. 하지만 실무적인 팁, 절세 방법, 자주 하는 실수 같은 정보는 전문가가 작성한 블로그나 웹사이트에서 가져오는 경우가 많습니다.

만약 어떤 세무사가 수년간 블로그에 이런 글을 꾸준히 올렸다면 어떨까요?

- "프리랜서 종합소득세 신고, 이것만 알면 됩니다"
- "1인 사업자가 자주 놓치는 세금 공제 5가지"
- "종합소득세 신고 전 체크리스트"

AI가 세금 관련 질문에 답할 때, 이 세무사의 콘텐츠를 참고할 가능성이 높아집니다.

변호사도 마찬가지입니다. "계약서 검토할 때 주의할 점"을 AI에게 물으면, 전문 변호사가 작성한 글이 출처로 활용될 수 있습니다. 법률 정보를 쉽게 풀어 설명하고, 실제 사례를 들어 정리한 콘텐츠가 있다면, 그 변호사는 AI에게 '신뢰할 수 있는 출처'가 됩니다.

컨설턴트, 코치, 강사도 해당됩니다. 자신의 전문 분야에 대해 꾸준히 글을 쓰고 그 정보가 AI가 읽을 수 있는 형태로 존재한다면, AI가 관련 질문에 답할 때 그 전문가를 언급할 가능성이 생깁니다.

핵심은 같습니다. 사람들이 자주 묻는 질문에 답하는 콘텐츠, AI가 읽을 수 있는 텍스트 형태, 그리고 꾸준한 발행과 업데이트입니다. 대기업이든 1인 전문가든, 제품을 파는 회사든 서비스를 제공하는 개인이든 원리는 동일합니다. 내 전문성을 알리고 싶다면, AI도 읽을 수 있는 콘텐츠로 정보를 제공하세요.

콘텐츠 점검하기

☐ 지난 3개월간 블로그 글 개수: _____ 개

☐ 평균 글 길이: _____ 자

☐ 가장 반응 좋았던 주제: _____

☐ 1년 넘은 오래된 글 업데이트: _____ 개

AI가 좋아하는 글,
좋은 예 vs 나쁜 예

그렇다면 AI가 좋아하는 글의 구체적인 특징은 무엇일까요? 다섯 가지로 살펴보겠습니다. 특징마다 좋은 예와 나쁜 예를 비교해서 보여드리겠습니다.

특징 1: 질문에 대한 명확한 답이 있다

AI는 사용자의 질문에 답해야 합니다. 그래서 질문에 대한 명확한 답이 있는 글을 선호합니다.

좋은 예

제목: 층간소음 줄이는 바닥재, 어떤 걸 골라야 할까?

첫 문단: 층간소음을 줄이려면 충격흡수 기능이 있는 바닥재를 선택해야 합니다. 일반적으로 두께 12mm 이상의 강화마루나 쿠션감이 있는 LVT(럭셔리 비닐 타일)가 효과적입니다. 특히 아이가 있는 가정에는 충격흡수층이 두꺼운 제품을 추천합니다.

나쁜 예

제목: 바닥재 이야기

첫 문단: 안녕하세요, 오늘은 바닥재에 대해 이야기해 보려고 합니다. 바닥재는 집 인테리어에서 정말 중요한 요소인데요. 저도 이사하면서 바닥재를 바꿔봤는데, 정말 분위기가 달라지더라고요. 오늘은 여러 가지 바닥재 종류와 제 경험을 공유해 볼게요.

좋은 콘텐츠는 질문이 명확하고, 첫 문단에서 바로 핵심 답변을 제공합니다. 반면 나쁜 콘텐츠는 제목에서 무슨 내용인지 알기 어렵고, 첫 문단에 핵심 정보가 없습니다.

특징 2: 구조가 잘 잡혀 있다

AI는 정보를 빠르게 파악해야 합니다. 구조가 명확한 글을 더 잘 이해합니다.

좋은 예

제목: 주방 리모델링 비용 완벽 가이드

1. 주방 리모델링 평균 비용

   - 소형 주방(6평 이하): 500~800만 원

   - 중형 주방(6~10평): 800~1200만 원

   - 대형 주방(10평 이상): 1200~2000만 원

2. 비용을 결정하는 요소

   - 싱크대

   - 가전제품

   - 바닥재

3. 비용 절감 팁

   - 기존 배관 활용하기

   - 비수기(1~3월) 시공 예약

   - 싱크대만 교체 고려

나쁜 예

제목: 주방 리모델링했어요

우리 집 주방 리모델링을 했는데 비용이 생각보다 많이 들었어요. 싱크대 바꾸고 가전도 새로 넣고 바닥도 바꿨거든요. 소형 주방이면 한 500에서 800 정도 드는 것 같고 중형이면 더 들어요. 저는 싱크대가 제일 비쌌는데 그래도 새 주방 되니까 좋더라고요. 비용 아끼려면 배관 그대로 쓰는 게 좋대요.

좋은 콘텐츠는 제목, 소제목, 목록으로 정보가 깔끔하게 정리되어 있습니다. 반면 나쁜 콘텐츠는 같은 정보지만, 구조 없이 흘러가듯 쓰여 있어서 핵심을 파악하기가 어렵습니다.

특징 3: 전문성과 쉬운 설명이 공존한다

AI는 신뢰할 수 있는 전문 정보를 선호하지만, 동시에 사용자에게 이해하기 쉬운 답변을 제공해야 합니다. 전문성과 접근성을 동시에 갖춘 글이 좋습니다.

좋은 예

두피 탈모, 왜 생기고 어떻게 관리할까?

탈모는 모낭(털이 자라는 구조)의 기능이 약해지면서 발생합니다. 주요 원인은 다음과 같습니다.

1. 유전적 요인: 남성형 탈모(안드로겐성 탈모)는 DHT 호르몬이 모낭을 위축시켜 발생합니다. 쉽게 말해, 호르몬이 털을 만드는 공장을 점점 작게 만드는 거죠.

2. 스트레스: 스트레스를 받으면 코르티솔 호르몬이 분비되어 모발 성장 주기를 방해합니다. 갑자기 머리카락이 많이 빠진다면 최근 스트레스를 점검해 보세요.

나쁜 예 1(너무 어려움)

안드로겐성 탈모는 5α-환원효소에 의해 테스토스테론이 디하이드로테스토스테론으로 전환되고, 이것이 모유두세포의 안드로겐 수용체에 결합하여 Wnt/β-카테닌 신호전달 경로를 억제함으로써…

나쁜 예 2(너무 가벼움)

탈모는 스트레스 받으면 생겨요. 머리 감을 때 모발이 많이 빠지면 주의하세요. 저도 한때 많이 빠졌는데 샴푸 바꾸고 좀 나아졌어요.

좋은 콘텐츠는 전문 용어를 쓰면서도, 쉬운 비유와 일상적인 설명을 함께 제공합니다. 반면 일반인이 이해하기 너무 어렵거나 전문성이 없으면 신뢰할 수 없습니다.

특징 4: 정기적으로 업데이트된다

AI는 최신 정보를 선호합니다. 정기적으로 업데이트되는 글은 신선도 신호가 높습니다.

좋은 예

제목: 2026년 가성비 노트북 추천 TOP 10(2026년 3월 업데이트)

이 글은 분기마다 최신 제품 출시와 가격 변동을 반영하여 업데이트됩니다.

2026년 1분기 기준 가성비 좋은 노트북을 정리했습니다.

나쁜 예

제목: 가성비 노트북 추천(작성일: 2021년 6월)

오늘은 가성비 좋은 노트북을 추천해 드릴게요.

좋은 게시글은 업데이트 시점이 명확하고, 정기적으로 갱신된다는 신호가 있습니다. 반면 나쁜 게시글은 몇 년이나 지난 정보입니다. 특히 노트북처럼 빠르게 변하는 시장은 AI가 최신 정보를 인용할 확률이 더 높습니다.

특징 5: 출처와 근거가 명확하다

AI는 신뢰할 수 있는 정보를 원합니다. 주장에 근거가 있는 글이 좋습니다.

좋은 예

제목: 한국인의 수면 시간, 얼마나 부족할까?

한국인의 평균 수면 시간은 7시간 22분으로, OECD 국가 중 최하위권입니다(OECD, 2023). 권장 수면 시간인 7~9시간에 비해 부족한 편이며, 특히 30~40대 직장인의 경우 6시간대에 그치는 경우가 많습니다(국민건강영양조사, 2024).

나쁜 예

제목: 한국인들 잠 너무 못 자요.

한국 사람들이 세계에서 제일 잠을 못 잔대요. 보통 6시간밖에 못 자고, 그래서 다들 피곤하대요.

좋은 글은 출처가 명확하게 표시되어 있습니다. 반면 나쁜 글은 출처가 없고, "~대요"라는 모호한 표현을 사용합니다.

어렵지 않습니다

정리해 보면 AI가 선택하는 좋은 콘텐츠의 다섯 가지 특징은 이렇습니다.

특징	좋은 콘텐츠	나쁜 콘텐츠
명확한 답	첫 문단에 핵심 답변 제시	서론이 길고 답이 보이지 않음
구조화	제목·소제목·목록 활용	구조 없이 흘러가는 글
전문성＋접근성	전문 용어 ＋ 쉬운 비유	지나치게 어렵거나 지나치게 가벼움
업데이트	작성·수정 시점 명시, 정기 갱신	오래된 정보 방치
출처·근거	데이터·연구·공식 자료 인용	"~대요", "~한다더라"

어렵게 느껴지시나요? 사실 이건 일반적인 좋은 글의 기본입니다. 질문에 명확히 답하고, 읽기 쉽게 구조화하고,

전문성과 이해하기 쉬움의 균형을 맞추고, 최신 정보를 유지하고, 근거를 제시하는 것이죠.

AI가 새로운 룰을 만든 게 아닙니다. 원래 좋은 글의 조건이 AI 시대에 더 중요해진 것뿐입니다.

대단한 콘텐츠보다 꾸준한 콘텐츠

"저희는 콘텐츠 만들 여력이 없어요. 인력도 부족하고." 이해합니다. 모든 기업이 마케팅팀을 갖추고 있지 않습니다.

하지만 꾸준함이 중요한 이유는, 대단한 콘텐츠가 필요하지 않기 때문입니다. 바이럴 되는 콘텐츠, 화제가 되는 콘텐츠를 만들 필요가 없습니다. 그냥 우리 회사에 대한 기본적인 정보를 정기적으로 업데이트하면 됩니다.

월 1회 블로그 글 1개면 1년에 12개입니다. 분기 1회 보도자료 1개면 1년에 4개입니다. 새 FAQ 항목 월 2개 추가면 1년에 24개입니다. 3년이면 블로그 글 36개, 보도자료 12개, FAQ 항목 72개가 됩니다. 작은 노력의 누적이 엄청난 자산이 됩니다.

앞에서 본 함샤우트 글로벌 사례도 마찬가지입니다. 함샤우트 글로벌은 AI에게 인식되기까지 2년이 걸렸습니다.

2년 동안 뭘 했을까요? 홈페이지 정보를 보강하고, 한 달에 2~3개씩 뉴스룸 글을 발행하고, 언론 홍보를 지속하고, 정보 일관성을 유지했습니다.

대단한 캠페인을 한 게 아닙니다. 꾸준히 했을 뿐입니다. 그리고 2년 뒤, AI가 회사를 정확하게 설명하기 시작했습니다.

지금 시작하면 됩니다

"이미 늦은 거 아닌가요?" 아닙니다. 지금 시작하는 것과 시작하지 않는 것의 차이는 6개월 후, 1년 후에 분명히 나타납니다.

AI는 계속 학습합니다. 오늘 올린 콘텐츠도 언젠가 AI의 학습 데이터에 포함될 수 있습니다. 지금 시작하면 미래의 AI가 우리 브랜드를 더 잘 알게 됩니다.

완벽하지 않아도 됩니다. 처음부터 완벽한 콘텐츠를 만들려고 하면 시작조차 못 합니다. 그냥 시작하세요. 하다 보면 나아집니다.

규모가 작아도 됩니다. 대기업처럼 콘텐츠 팀을 갖출 필요 없습니다. 대표가 직접 블로그에 글을 쓰는 것도 좋습니다. 오히려 진정성이 느껴질 수 있습니다.

핵심은 멈추지 않는 것입니다.

이미지가 아닌
텍스트로 만들어야 한다

기업 컨설팅을 할 때 자주 보는 장면이 있습니다. 기업의 홈페이지를 열면 화면 가득 아름다운 이미지가 펼쳐집니다. 세련된 폰트, 감각적인 색상, 멋진 사진. 디자인 회사가 공들여 만든 게 느껴집니다.

"예쁘게 잘 만드셨네요."

담당자가 뿌듯해합니다. 그런데 마우스로 화면의 텍스트를 드래그해 봅니다. 복사를 시도해 봅니다. 안 됩니다.

예쁜 텍스트처럼 보이지만, 사실은 이미지입니다. 디자이너가 포토샵이나 일러스트레이터로 만든 시안을 그대로 이미지 파일로 올린 거죠.

"이 부분, 이미지로 되어 있네요."

"네? 텍스트처럼 보이는데요?"

"사람 눈에는 그렇게 보여요. 하지만 AI한테는 그냥 '이미지 파일'입니다. 여기 적힌 내용을 AI는 읽지 못해요."

왜 이미지 속 텍스트를 AI가 못 읽을까요?

기술적인 이야기를 간단히 해보겠습니다. AI가 텍스트를 이해하는 방식과 이미지를 이해하는 방식은 다릅니다. 텍스트는 AI가 바로 읽을 수 있습니다. "안녕하세요"라는 글자가 있으면, AI는 이게 한국어 인사말이라는 걸 바로 압니다.

이미지 속 텍스트는 다릅니다. AI 입장에서 이미지는 픽셀의 조합입니다. 그 안에 글자가 있다는 걸 인식하려면 추가적인 과정(OCR, 이미지 인식)이 필요합니다.

물론 최신 AI는 이미지를 잘 이해합니다. 챗GPT에 이미지를 보여주면 내용을 설명해 주죠. 하지만 문제는 학습 과정입니다. AI가 세상의 정보를 학습할 때, 웹페이지의 텍스트를 주로 수집합니다. 이미지 속에 있는 글자까지 전부 읽어서 학습하기는 기술적으로나 비용적으로 훨씬 어렵습니다.

따라서 이미지로만 존재하는 정보는 AI 학습에 반영되기 어렵습니다. 앞에서 이미지로만 만들어진 홈페이지를 AI가 읽을 수 없다고 이미 설명했죠. 마찬가지로 이미지로 된 콘텐츠도 AI가 읽을 수 없습니다. 콘텐츠 또한 텍스트를 인식할 수 있게 만들어야 합니다.

카드뉴스의 역설

마케팅팀에서 열심히 만드는 콘텐츠 중 하나가 카드뉴스입니다. 예쁜 배경에 핵심 메시지를 담은 이미지는 인스타그램, 페이스북, 블로그에 올리기 좋습니다. 사람들이 쉽게 읽고 공유합니다. 문제는 AI가 이 내용을 읽지 못한다는 겁니다.

카드뉴스 열 장에 정성스럽게 담은 정보가 있습니다. 제품 설명, 사용법, 고객 후기 요약. 사람 눈에는 다 보입니다. 하지만 AI 입장에서는? "이미지 파일 10개가 있네요." 끝입니다. 그 안에 뭐가 쓰여 있는지, AI는 모릅니다.

인스타그램에 올린 정보, AI가 알까요?

"저희는 인스타그램에서 열심히 활동해요. 팔로워도 많고, 반응도 좋아요." 좋습니다. 브랜드 인지도를 높이는 데 인스타그램은 효과적입니다. 하지만 질문이 있습니다. "인스타그램 콘텐츠를 AI가 학습할 수 있을까요?" 대부분 어렵습니다. 왜일까요?

첫째, 인스타그램은 외부 크롤링(웹사이트를 자동으로 방문해서 정보를 수집하는 과정)을 제한합니다. AI가 정보를 학습하려면 웹페이지에 접근해서 내용을 읽어야 합니다. 인스타그램은 이런 접근을 많이 막아놓았습니다.

둘째, 콘텐츠가 이미지와 영상입니다. 인스타그램에 올리는 건 주로 이미지와 릴스(짧은 영상)입니다. 이미지 속 텍스트는 AI가 읽기 어려운 것처럼 영상도 그렇습니다.

셋째, 캡션을 봐도 정보가 부족합니다. 인스타그램 캡션은 보통 짧습니다. 해시태그 위주거나, 간단한 설명만 있죠. 제품의 상세 스펙이나 사용법 같은 충분한 정보를 담기 어렵습니다.

결론적으로, 인스타그램에서 아무리 열심히 활동해도 그 정보가 AI에게 전달되기는 쉽지 않습니다.

PDF와 영상의 한계

"저희 회사 소개서 PDF로 잘 만들어놨는데요."

이미지만 문제가 아닙니다. PDF는 사람이 읽기엔 편하지만, AI 학습에는 불리한 형식입니다. PDF 안의 텍스트는 웹페이지 텍스트보다 수집이 어렵고, 다운로드해야만 볼 수 있는 PDF는 더욱 그렇습니다. 이미지로 된 PDF(스캔본)는 사실상 큰 이미지 파일과 같습니다. 같은 정보라면 웹페이지에 텍스트로 올리는 게 AI에게 훨씬 잘 보입니다.

"유튜브에 회사 소개 영상 올렸어요."

영상도 비슷한 문제가 있습니다. 영상 속 말을 텍스트로 변환해야 학습할 수 있고, 자막이 없으면 내용 파악이 더 어렵습니다. 영상 설명란이 부실하면 AI가 참고할 정보가 없습니다. 유튜브에 영상을 올렸다고 해서 AI가 그 내용을 다 아는 건 아닙니다.

이렇듯 마케팅팀이 열심히 만드는 콘텐츠 중 상당수가 AI가 읽을 수 없는 형태입니다. 노력이 부족한 게 아닙니다. 형식이 문제입니다. 같은 노력을 들여 만든 콘텐츠라도, AI가 읽을 수 있는 형태로 존재해야 AI에게 인식될 수 있습니다.

콘텐츠 유형	사람에게	AI에게
예쁜 홈페이지 (이미지 기반)	잘 보임	안 읽힘
카드뉴스	읽기 쉬움	안 읽힘
인스타그램 피드	좋아요 많음	접근 어려움
유튜브 영상	조회수 높음	자막·설명 없으면 내용 파악 불가
PDF 다운로드 자료	상세함	찾기 어렵고 인용 확률 낮음

해결 방법은 간단합니다

해결하기 위해 복잡한 기술이 필요한 게 아닙니다. 이미지나 파일로만 존재하는 정보를 텍스트로도 제공하면 됩니다. 몇 가지 방법을 알려드립니다.

첫 번째 방법, 카드뉴스 내용을 블로그 글로도 올리기.

카드뉴스를 만들었다면 그 내용을 텍스트로 풀어서 블로그에도 올리세요. 같은 정보를 두 가지 형태로 제공하는 겁니다. 사람은 카드뉴스를, AI는 블로그 글을 읽습니다.

두 번째 방법, 홈페이지 이미지 아래에 텍스트 설명 추가하기.

멋진 이미지를 유지하되 그 아래에 같은 내용을 텍스트로 적어두세요. 디자인을 해치지 않으면서 AI가 읽을 수 있는 정보를 추가하는 겁니다.

세 번째 방법, 인스타그램 콘텐츠를 웹사이트에도 정리하기.

인스타그램에서 인기 있었던 콘텐츠들을 모아서 웹사이트 블로그에 정리해 보세요. "인스타그램에서 가장 반응 좋았던 5가지 팁"같은 형태로요.

네 번째 방법, 유튜브 영상에 자막과 설명 추가하기.

유튜브 영상을 올릴 때 자막을 추가하세요. 영상 설명란에 핵심 내용을 텍스트로 정리하세요. 이렇게 하면 AI가 영상 내용을 파악할 수 있습니다.

다섯 번째 방법, PDF 내용을 웹페이지에도 게시하기.

PDF로만 제공하던 정보를 웹페이지에도 올리세요. "회사 소개서 PDF 다운로드"버튼 옆에 같은 내용이 웹페이지에도 있으면 좋습니다.

콘텐츠를 두 번 만들라는 게 아닙니다. 콘텐츠 하나를 만들 때, AI도 읽을 수 있는 형태를 함께 고려하라는 겁니다.

해결 방법

☐ 카드뉴스 내용을 블로그 글로도 올리기

☐ 홈페이지 이미지 아래에 텍스트 설명 추가

☐ 인스타그램 콘텐츠를 웹사이트에도 정리

☐ 유튜브 영상에 자막과 설명 추가

☐ PDF 내용을 웹페이지에도 게시

카드뉴스를 만들면서 동시에 텍스트 버전도 준비하면 한 번의 기획으로 두 가지 효과를 얻습니다. 사람에게는 시각적으로 매력적인 카드뉴스를 제공하고, AI에게는 읽고 학습할 수 있는 텍스트를 제공합니다.

이미지는 보조, 텍스트가 주인공

"이미지를 없앨 수는 없어요. 디자인이 중요해서요."라고 하시는 분들도 있습니다. 오해하지 마세요. 이미지를 쓰지 말라는 게 아닙니다.

이미지는 필요합니다. 시각적으로 매력적인 홈페이지가 방문자 경험에 좋습니다. 제품 사진, 인포그래픽, 도표 등은 정보 전달에 효과적입니다. 핵심은 역할 분담입니다.

- 이미지의 역할: 시각적 매력, 분위기 전달, 보조 설명
- 텍스트의 역할: 핵심 정보 전달, AI가 읽을 수 있는 기반

예를 들어볼게요.

나쁜 예

- 제품 사진만 있음
- 제품명이 이미지 안에 있음
- 스펙도 이미지로 되어 있음
- 텍스트로 된 설명 없음

좋은 예

- 제품 사진 있음(시각적 매력)
- 제품명이 텍스트로 크게 표시됨
- 제품 스펙이 텍스트 목록으로 정리됨
- 상세 설명이 텍스트로 작성됨

같은 정보를 전달하더라도 좋은 예시처럼 되어 있는 경우라면 AI가 읽을 수 있습니다. 텍스트가 중심이 되고 이미지는 보조 역할을 하면 됩니다.

네이버나 티스토리, 워드프레스로 블로그를 운영 중이라면 이미지에 대체 텍스트를 추가할 수 있습니다. 접근성과 SEO를 위해 대부분의 블로그 에디터가 이 기능을 제공하고 있는데요. 이미지 업로드 시 alt text 입력란이 있습니다. 만약 공기청정기 제품 사진이라면 구체적으로 "○○ 프리미엄 에어, 30평대 아파트용 공기청정기, 3단계 필터 시스템"이라고 입력하세요. 이것만 해도 AI가 이미지의 내용을 이해하는 데 도움이 됩니다.

이미지 위에 텍스트 오버레이를 넣거나, 이미지 아래에 텍스트로 설명을 추가할 수도 있습니다. 제품 이미지 아래에 제품명, 주요 특징, 가격을 텍스트로 적고 구매하기 버튼을 배치하면 됩니다. 이렇게 하면 사람 눈에는 여전히 예쁘면서, AI는 정보를 파악하기 위해 텍스트를 읽을 수 있습니다.

우리나라는 오픈마켓의 생태계 때문에 대부분의 상품 페이지가 이미지로 되어 있어서 자사몰이 아닌 이상 대부

- 네이버 블로그에서 이미지 설명 넣기

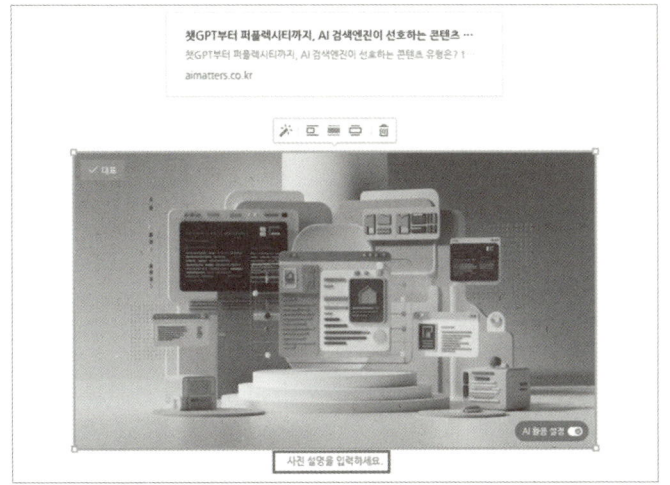

분의 상품 페이지에서 AI가 읽을 수 있는 정보는 제목뿐인 경우가 많습니다. 하지만 이제 AI와의 채팅으로 쇼핑까지 끝내는 시대를 앞두고 있는 만큼 이미지와 텍스트를 병행하는 작업을 지금부터 시작해야 합니다.

PDF 대신 웹페이지로

"제품 카탈로그를 PDF로 만들어서 올려뒀는데, 이것도 문제인가요?"라고 물으시는 분들이 있습니다. 네, PDF는 AI

가 좋아하면서도 읽기 어려운 형식입니다.

기존에는 '제품 카탈로그 다운로드' 버튼과 50페이지짜리 PDF 파일만 있었다면, 이제 '제품 라인업' 페이지를 생성해서 제품별로 웹페이지를 제작하세요. PDF는 보조 자료로 제공하는 게 좋습니다. PDF를 완전히 없앨 필요는 없습니다. 다만 중요한 정보는 웹페이지에도 있어야 합니다. 홈페이지의 제품 메뉴에서 제품 A, B, C 각각의 HTML 페이지를 만들고, PDF도 다운로드할 수 있게 유지하면 됩니다.

텍스트는 AI 시대의 기반

다시 강조하지만 AI는 텍스트를 읽습니다. 아무리 예쁜 이미지, 멋진 영상, 감각적인 디자인이 있어도 AI가 정보를 이해하고 인용하려면 텍스트가 필요합니다.

웹사이트의 모든 것을 텍스트로 만들라는 이야기가 아닙니다. 핵심 정보만이라도 텍스트로 존재해야 합니다. 회사가 뭘 하는지, 제품이나 서비스가 무엇인지, 어떤 장점이 있는지, 어떻게 연락할 수 있는지. 이런 기본 정보가 텍스트로 명확하게 존재해야 합니다. 그래야 AI가 우리 브랜드를 알고, 필요할 때 추천할 수 있습니다.

실전 적용 팁

☐ 이미지 옆에 텍스트 설명 추가

예시:

이미지: 노트북 사진

텍스트: "A사 노트북 Pro 15 / 15.6인치 FHD / 인텔 i7 / RAM 16GB / SSD 512GB"

☐ 인포그래픽 내용을 텍스트로도 제공

- 페이지 하단에 "위 인포그래픽 내용 요약"으로 정리하세요

☐ PDF에 있는 정보를 텍스트로 추가

제품 카탈로그 PDF 예시: PDF의 내용을 '제품 라인업' 페이지를 생성해 작성하고, 제품별로 각각 웹페이지를 제작합니다. PDF는 보조 자료로 추가합니다.

☐ 동영상에 텍스트 요약 추가

- 영상 아래에 핵심 내용을 텍스트로 요약하세요. "영상을 보기 어려우신 분을 위한 요약"이라는 명목으로 추가해도 좋습니다

AI에 노출되는
블로그 글 작성 가이드

이번 장에서 다룬 내용을 정리하면 이렇습니다. 질문에 명확한 답이 있을 것, 구조가 잘 잡혀 있을 것, 전문성과 접근성을 갖출 것, 텍스트로 되어 있을 것(이미지에 갇히지 않을 것), 정기적으로 업데이트될 것. 이런 글은 AI가 잘 읽을 수 있습니다.

결국 좋은 정보를, 읽을 수 있는 형태로, 꾸준히 제공하라는 겁니다. 다음은 AI가 좋아하는 블로그 글을 쓰기 위한 체크리스트입니다. 하나씩 실천해 보세요.

글 쓰기 전 주제 정하기

☐ **고객이 이 주제를 AI에게 물어볼 만한가?**

- "강남에서 세무사 어떻게 골라?" → 이런 질문에 답이 되는 글인가?

☐ **우리의 전문성을 보여줄 수 있는 주제인가?**

- 우리가 경험이 많고 잘 아는 분야인가?

☐ **경쟁사 블로그에서 다루지 않은 내용인가?**

- 같은 주제라도 우리만의 관점이나 정보가 있는가?

※ **블로그 글 주제가 생각나지 않을 때**

- 최근 한 달간 고객에게 자주받은 질문 3개를 떠올려 보세요

- AI에게 "(내 업종)에 대해 사람들이 자주 궁금해하는 것 5가지 알려줘"라고 물어보세요

글 쓰는 중 구조 잡기

☐ **제목에 핵심 내용이 담겨 있다**

좋은 예시: "스타트업 법률 자문, 어떻게 선택해야 할까?"

나쁜 예시: "좋은 정보 공유합니다"

☐ **첫 문단에서 질문과 답의 핵심을 먼저 말한다**

- "오늘은 ○○에 대해 알아보겠습니다"보다 "○○할 때는 이렇게 하면 됩니다. 자세히 설명드릴게요"가 좋습니다

☐ **중간에 소제목을 넣어서 내용을 나눈다**

- 긴 글이 한 덩어리로 있으면 읽기 어렵습니다. 3~4개 섹션으로 나누세요

- 소제목 만드는 방법: 네이버 블로그에서는 글자를 선택한 뒤 상단 메뉴에서 '제목1' '제목2' '제목3'을 선택하면 됩니다. 티스토리나 워드프레스도 비슷하게 '제목' 또는 'Heading' 기능이 있습니다. 그냥 글자를 굵게 하거나 크게 만드는 것보다 '제목' 기능을 사용해야 AI가 글의 구조를 제대로 이해합니다.

☐ **어려운 용어를 썼다면 쉬운 설명을 함께 넣는다**

예시: "이연법인세(나중에 내야 할 세금을 미리 계산해둔 것)가…"

☐ **구체적인 예시나 숫자를 포함한다**

- "많은 경우에"보다 "10건 중 7건 정도는"이 더 신뢰감을 줍니다

☐ **최소 500자 이상, 가능하면 800자 이상 작성한다**

글 쓴 후 확인하기

☐ **글 내용을 마우스로 드래그해서 복사할 수 있는가?**

    • 이미지 속 텍스트가 아닌지 확인하세요

☐ **스마트폰에서도 잘 보이는가?**

☐ **작성 날짜가 표시되어 있는가?**

    예시: "2025년 1월 작성" 또는 자동으로 표시되는 날짜

☐ **맞춤법 오류가 없는가?**

    • 네이버 맞춤법 검사기에 붙여넣기 해서 확인할 수 있습니다

☐ **정보가 정확하고 최신인가?**

☐ **통계나 데이터를 인용했다면 출처를 밝혔는가?**

글 올린 후 테스트(선택사항)

☐ **일주일 후에 관련 주제로 AI에게 물어보기**

    • 바로 반영되지 않는 경우가 많지만, 시간이 지나면 인용될

     수 있습니다

어디가 가장 많이 인용되는지
먼저 확인하라

AI는 권위 있는 출처, 트래픽이 많은 사이트를 신뢰하고 답변에 반영하기에 이런 곳에 있는 정보가 유리한 건 맞습니다. 하지만 그것만이 기준은 아닙니다.

AI가 출처를 선택할 때 고려하는 것들이 있습니다. 정보가 얼마나 구조적으로 잘 정리되어 있는지, 질문과 얼마나 관련이 높은지, 여러 곳에서 일관되게 확인되는 정보인지, 그리고 내용이 구체적이고 실질적인지. 이것은 규모가 작은 브랜드에 희망적인 이야기입니다.

대형 브랜드가 모든 주제에서 구체적이고 깊이 있는 정보를 제공하기는 어렵습니다. 하지만 특정 분야, 특정 지역에 집중하는 작은 브랜드는 그 영역에서 훨씬 구체적인 정보를 제공할 수 있습니다.

예를 들어 '반려견 피부병 전문 동물병원'이라는 주제에서, 대형 동물병원 체인점의 일반적인 소개 페이지보다 실제로 피부병 치료를 전문으로 하는 작은 동물병원의 상세한 치료 사례와 설명이 AI에게 더 '관련성 높은 정보'로 인식될 수 있습니다.

그래서 AI가 우리 브랜드를 언급할 때, 어디서 정보를 가져왔는지 아는 것이 중요합니다. 출처를 알면 어떤 콘텐츠를 보강해야 할지 알 수 있으니까요.

모든 AI가 출처를 보여주는 건 아닙니다. 퍼플렉시티는 답변 옆에 작은 박스로 출처를 표시하고 답변 하단에 참고한 링크 묶음을 보여줍니다. 챗GPT나 제미나이도 일부 답변에 출처를 표시하지만 항상 그런 건 아닙니다. 이 박스를 클릭하면 어떤 웹페이지를 참고했는지 보여줍니다. 출처의 종류는 매우 다양합니다. 출처는 다음과 같은 요소를 잘 체크해야 합니다.

첫째, 우리 공식 홈페이지가 출처에 포함되어 있는지 확인합니다. 포함되어 있다면 좋은 신호입니다. 어떤 페이지가 인용되었는지 확인해 보세요. 홈페이지가 포함되어 있지 않다면 공식 홈페이지 콘텐츠 보강이 필요합니다.

둘째, 출처의 종류를 파악합니다. 출처를 공식 홈페이지, 회사 블로그나 뉴스룸, 언론 기사, 외부 블로그, 커뮤니티나 포럼, 제3자 리뷰 사이트 등의 범주로 분류해 보세요. 어떤 유형이 많은지가 중요합니다.

공식 홈페이지나 블로그가 주 출처인 경우, 이는 우리가 발행한 정보를 AI가 신뢰하고 있다는 뜻입니다. 좋은 상태이니 공식 채널 콘텐츠를 계속 보강하면 됩니다.

언론 기사가 주 출처인 경우, 홍보 활동이 AI 노출에 도움이 되고 있다는 의미입니다. 여기에 공식 홈페이지 콘텐츠도 함께 보강하면 더 좋습니다.

외부 블로그나 커뮤니티가 주 출처인 경우는 주의가 필요합니다. 공식 채널보다 외부 정보를 더 참고하고 있다는 것은 공식 채널 정보가 부족하다는 신호입니다.

출처가 아예 없는 경우는 AI가 우리 브랜드에 대한 정보를 충분히 찾지 못한 것입니다. 온라인 정보 자체를 늘려야 합니다.

셋째, 출처가 최신인지 확인합니다. 출처로 표시된 페이지의 작성 날짜를 확인하세요. 링크를 클릭해서 페이지를 방문하고, 글 작성일 또는 최종 수정일을 확인하면 됩니다.

출처가 오래되었다면, 예를 들어 2021년 작성된 블로그 글이 출처라면 최근 정보가 부족하다는 신호입니다. 최신 정보를 발행해야 합니다. 반대로 2025년 작성된 뉴스룸 글이 출처라면 좋은 신호입니다. 정기적 업데이트를 계속 유지하면 됩니다.

어떤 페이지가 가장 많이 인용되는가?

우리 홈페이지가 출처로 인용된다면, 어떤 페이지가 자주 인용되는지 파악하세요. 일반적으로 제품이나 서비스 소개 페이지, FAQ 페이지, 블로그 포스팅, 고객 사례나 후기, 기술 문서나 가이드, 회사 소개 페이지 등이 인용됩니다.

분야별로 신뢰할 수 있는 정보가 많이 포진해 있는 채널에 차이가 있기 때문에 우리 브랜드와 관련된 질문에 대한 AI 답변을 보고, 주로 많이 인용되는 출처가 어디인지 파악하는 것이 중요합니다. 가장 많이 인용되는 페이지가 곧 AI가 가장 유용하다고 판단한 콘텐츠라고 생각할 수 있죠. 실제 결과를 보며 설명하겠습니다.

중소기업용 ERP 프로그램을 추천해 달라고 한 경우

ERP 소프트웨어를 판매하는 기업의 경우 잠재 고객이 "중소기업 ERP 프로그램 추천해 줘"라는 질문으로 업체를 찾는 과정을 생각해 볼 수 있겠죠.

■ ERP 업체 추천 질문에 퍼플렉시티의 답변

⊕ 답변　⊕ 링크　⊟ 이미지

중소기업을 위한 ERP 프로그램으로는 한국 시장에서 더존, 영림원, 이카운트가 인기 있습니다. 이들 솔루션은 회계, 재고, 인사 등 기본 기능을 클라우드 기반으로 제공하며, 도입 비용과 규모에 따라 선택할 수 있습니다. seo.goover +4

추천 프로그램

- 이카운트 ERP: 사용자 수 무제한 월 4만원대 가성비 최고, 스타트업·소규모 중소기업에 적합. 빠른 도입과 기본 기능(회계·재고·영업)이 강점. korea-erp +2

- 더존 ERP (iCUBE 등): 국내 1위 시장 점유율, 중소~중견기업 표준형. 모듈 다양(회계·인사·물류)하고 레퍼런스 풍부하나 견적 필요. yobb.tistory +2

- 영림원 K-System: 제조·물류 특화, 맞춤형 커스터마이징 강점. 월 40만원부터, 산업별 모듈 유연. gseekgrow.tistory +2

비교 표

프로그램	주요 강점	가격 (대략)	적합 규모
이카운트	가성비, 빠른 도입, 무제한 사용자 upharos +1	월 4만원~ yobb.tistory	소규모·스타트업 korea-erp
더존 ERP	표준 기능 풍부, 안정성 reviewinsight	견적 필요 yobb.tistory	중소~중견 seo.goover
영림원	제조·맞춤형 gseekgrow.tistory	월 40만원~ gseekgrow.tistory +1	제조 중소기업 korea-erp

선택 팁

마케팅 에이전시처럼 서비스업이라면 이카운트나 더존의 클라우드형을 우선 고려하세요. 업종(제조/서비스), 직원 수, 예산을 알려주시면 더 세밀한 추천 가능합니다. 무료 데모나 견적 문의를 통해 테스트해보는 게 좋습니다. naver +1

퍼플렉시티에 이렇게 질문해 보면, 대표적인 ERP 업체 몇 군데를 추천하며 주요 강점과 가격, 적합한 회사 규모 등을 정리해서 제공합니다. 답변을 생성할 때 참고한 사이트의 링크도 제공하는데, 자세히 보면 퍼플렉시티가 추천한 업체의 홈페이지는 없습니다. 대부분 ERP 업체를 추천하는 묶음 콘텐츠 형식으로, 해당 분야의 전문적인 콘텐츠가 있는 채널이나 리뷰 채널, 개인 블로그가 대부분입니다.

즉, AI가 공식적인 정보나 신뢰를 기반으로 하는 전문적인 정보보다는 비교를 하거나 구조가 잘 되어 있고 경험을 바탕으로 한 정보를 중심으로 인용했다고 분석할 수 있는데요. 그 이유가 있습니다.

잠재 고객이 ERP 추천 질문을 한 이유는 어떤 제품을 사용할지 결정하기 전에 필요한 기초 정보 탐색 단계라고 할 수 있습니다. 그래서 이 단계에서는 최종 결정을 위한 정답이 아닌 후보군 리스트를 제대로 파악할 수 있는 정보를 찾겠죠. AI는 이런 사용자의 의도를 파악하고 해당 기업의 홈페이지보다는 여러 옵션을 고려할 수 있는 Top 5, 비교, 장단점 등과 같은 리스트와 리뷰형 콘텐츠가 있는 채널을 우선적으로 인용한 것입니다.

- ERP 프로그램 추천 질문에 퍼플렉시티가 인용한 출처

채널명	채널 성격
구버(seo.goover)	AI 시장조사 플랫폼, 정보 큐레이션·리포트 요약형 콘텐츠 제공
한국 ERP(korea-erp)	ERP 전문 비교·추천 사이트 (산업/기업별 Top 리스트 중심)
파로스(upharos)	ERP 벤더 공식 블로그 및 자사 중심 정보 콘텐츠
티스토리 개인 블로그 1	개인 블로그 (실사용·비교 경험 기반 콘텐츠)
리뷰인사이트 (reviewinsight)	리뷰·비교 전문 매체 (리뷰 데이터·비교 구조 중심)
티스토리 개인 블로그 2	개인 블로그 (기능·비용 정리형 정보 콘텐츠)
웨이브온 블로그	IT 솔루션·도구 소개 블로그 (개념·종류 설명형)
네이버 블로그	개인 네이버 블로그 (설명·경험 기반 콘텐츠)
구글호스트(googlehost)	해외 소프트웨어/ERP 리스트형 비교 사이트
에이에스피엔(ASPN)	SAP 컨설팅·ITO 전문 기업 사이트 (전문 기술 콘텐츠)
잡코리아(jobkorea)	취업·기업 정보 플랫폼 (기업 분석·연혁 데이터)

이처럼 퍼플렉시티가 인용한 출처만 따로 정리해서 보면 왜 이런 출처를 인용했는지 더 쉽게 파악할 수 있습니다. 기업 공식 홈페이지보다는 비교·리뷰 전문 사이트와 실사용 경험을 담은 개인 블로그가 다수를 차지하는데요. AI는 '추천' 질문에 대해 여러 옵션을 한눈에 비교할 수 있는 리스트형·큐레이션형 콘텐츠를 우선적으로 참고하는 경향 때문이라는 것을 이해할 수 있습니다.

허리 디스크를 잘 치료하는 병원을 찾는 경우

모든 인용 출처가 같은 방식으로 적용되는 것이 아니라는 점도 중요합니다. 일반적으로 병원을 찾을 때 병의 증상이 심각할수록 포괄적인 정보를 확인하고 어떤 병원을 갈지 결정하는 경우가 많은데요. 특히 허리 디스크의 경우 무조건 수술을 권유하는 병원을 피하기 위해 더욱 많은 정보를 찾고 결정하는 경향이 있죠.

퍼플렉시티에 "허리 디스크 수술을 권하지 않고 치료를 잘하는 병원을 추천해 줘"라고 입력하면, 우선 증상에 따라 수술이 필요한 경우가 있다는 당부를 하면서 병원을 추천해 줍니다. 그다음으로 서울에서 수술을 서두르지 않

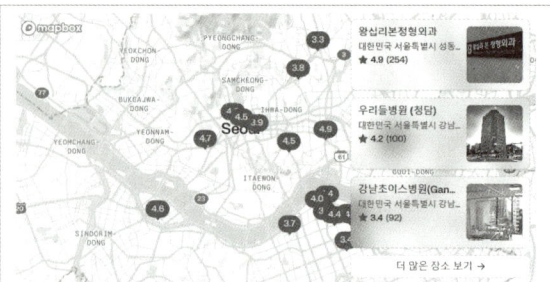

허리 디스크는 상당수에서 비수술 치료만으로 호전되기 때문에, 수술 적응증을 엄격하게 보고 단계적으로 보존적 치료를 하는 곳을 찾는 것이 중요합니다. koa +2

수술이 정말 필요한 경우

보통 다음과 같은 경우에만 수술을 강하게 권고합니다. hira +2

- 4~6주 이상 약·물리치료·주사치료 등을 적극적으로 했는데도 다리로 뻗치는 통증(방사통)이 매우 심하게 지속될 때 kumc +1
- 진행성 근력 저하(발목이 자꾸 꺾이거나, 발가락 힘이 급격히 빠지는 등)나 대소변 장애(마미총 증후군)가 동반될 때 neurosurgery +2
- 신경 압박이 너무 심해 보존적 치료로는 기능 유지가 어렵다고 판단되는 경우 koreascience +2

이 외의 대부분의 허리 디스크(요추 추간판 탈출증)는 70~80% 정도에서 수술 없이도 4~6주 내 통증이 많이 호전될 수 있어, 약물·물리치료·주사치료 같은 보존적 치료를 먼저 시행하는 것이 일반적인 원칙입니다. news.hidoc +2

서울에서 수술을 서두르지 않는 척추·정형외과

"처음부터 수술"보다는 영상·신경학적 소견을 보고 보존적 치료를 충분히 시도하는지, 설명이 충분한지를 기준으로 선택하는 것이 좋습니다. 아래 병원들은 척추·디스크를 전문으로 하면서 비수술 치료를 많이 하는 곳으로 알려져 있으니, 실제로 가실 때는 담당 의사별 설명 스타일과 치료 방침을 직접 확인해 보시는 것을 권합니다. news.hidoc +2

서울 내 척추·디스크 전문 병원/의원 예시

- 우리들병원(청담) – 척추 전문병원으로 미세수술·내시경 수술뿐 아니라 주사·신경치료 등 비수술 치료 비중도 크며, 수술 적응증을 비교적 엄격하게 보는 편으로 알려져 있습니다. wooridul.co +1
- 나누리병원(강남·강남나누리 신관) – 척추 전문 병원으로, 단계적 보존적 치료 후 수술을 결정하는 체계를 갖추고 있습니다. thc.nanoori.co +2
- 토마스병원(신사동) – 척추·통증클리닉을 함께 운영하며, 한방적 관점을 참고하되 양의학적 기준에 따라 비수술·수술을 나누는 것으로 환자 후기에서 언급됩니다. spinebest +1
- 마디힐신경외과(강남) – 신경외과 단일 전문의원 형태로, 고령 환자까지 포함해 주사치료·보존적 치료 경험이 많다는 후기가 있습니다. madiheal +1
- 우리본정형외과(명동) – 척추·관절 위주의 정형외과로, 척추전문병원 출신 원장이 단계적 치료를 시행한다는 후기가 있습니다. wooribone +1

마포·서대문·종로 쪽 접근성을 생각하시면 광화문정형외과의원, 반도정형외과병원 등도 가까운 선택지로 보고, 실제 내원 후 수술 권유 기준과 비수술 치료 옵션을 꼭 질문해 보시는 것이 좋습니다. bando24 +3

는 병원을 추천해 주는데요. 사용자의 위치 정보 때문에 '서울'에 있는 병원을 중심으로 추천하는 것을 볼 수 있습니다.

■ 퍼플렉시티가 인용한 출처 일부

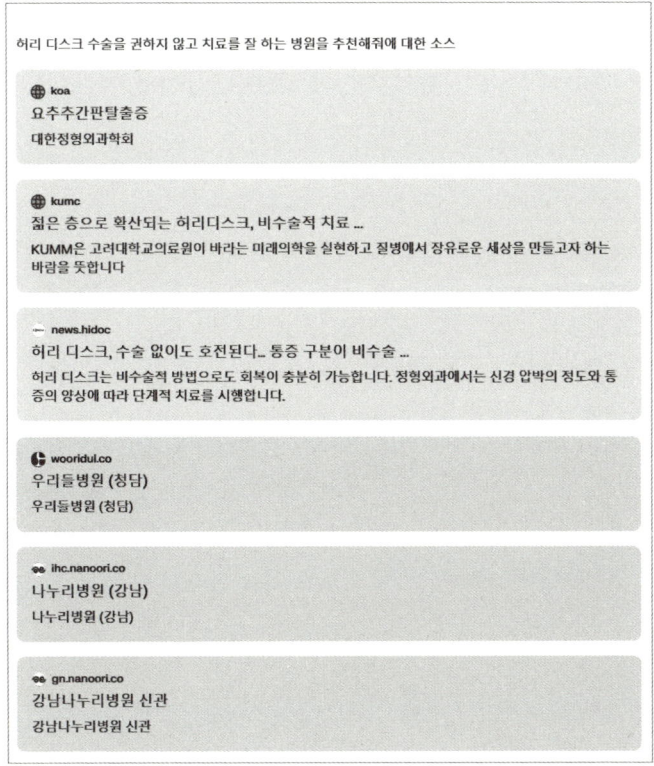

허리 디스크 수술을 권하지 않고 치료를 잘 하는 병원을 추천해줘에 대한 소스

🌐 koa
요추추간판탈출증
대한정형외과학회

🌐 kumc
젊은 층으로 확산되는 허리디스크, 비수술적 치료 ...
KUMM은 고려대학교의료원이 바라는 미래의학을 실현하고 질병에서 자유로운 세상을 만들고자 하는 바람을 뜻합니다

— news.hidoc
허리 디스크, 수술 없이도 호전된다.. 통증 구분이 비수술 ...
허리 디스크는 비수술적 방법으로도 회복이 충분히 가능합니다. 정형외과에서는 신경 압박의 정도와 통증의 영상에 따라 단계적 치료를 시행합니다.

🔵 wooridul.co
우리들병원 (청담)
우리들병원 (청담)

👓 ihc.nanoori.co
나누리병원 (강남)
나누리병원 (강남)

👓 gn.nanoori.co
강남나누리병원 신관
강남나누리병원 신관

퍼플렉시티가 인용한 출처를 보면 학회, 한 의료원의 계간지, 뉴스채널의 전문의 칼럼, 건강보험심사평가원 등의 해당 분야와 관계된 전문 채널과 함께 추천된 병원의 홈페이지가 포함되어 있는 것을 확인할 수 있습니다. 이들 병원은 대부분 정형외과 전문 병원으로 수술 외 보존적 치료에 대한 자세한 정보가 홈페이지에 나와 있고, 홈페이지 내 환자의 치료 경과와 후기에 대한 언급이 있어 AI에게 더 잘 인용되었을 가능성이 높습니다.

　이처럼 출처 분석을 통해 어떤 콘텐츠가 AI에게 효과적인지 파악할 수 있습니다. 그뿐 아니라, AI가 우리 정보를 어디서 가져오는지, 어떤 콘텐츠가 효과적인지, 공식 채널이 잘 작동하고 있는지 파악할 수 있습니다.

AI가 선호하는 사이트, 산업별로 다르다

구글 AI 모드, 퍼플렉시티, 챗GPT 검색에서 어떤 도메인이 얼마나 자주 인용되는지 추적해 봤습니다. 그 결과 모든 산업에서 반복적으로 인용되는 '범용 권위 사이트'가 존재했습니다.

글로벌 데이터 분석 기업 셈러시Semrush가 글로벌의 대표적인 11개 산업 분야, 800개 이상의 웹사이트를 대상으로 AI 검색 인용 현황을 분석한 결과를 보면 좀 더 명확하게 알 수 있습니다.

레딧이 압도적 1위입니다. 위키피디아, 유튜브가 그 뒤를 따릅니다. 이들은 특정 산업이 아니라 거의 모든 분야

- 11개 산업 전체에서 공통으로 인용된 상위 사이트(글로벌 기준)

해외 도메인	월간 언급/노출 수(약)
레딧(reddit.com)	66,000회
위키피디아(wikipedia.org)	25,000회
유튜브(youtube.com)	19,000회
포브스(forbes.com)	10,000회
링크드인(linkedin.com)	9,000회
쿼라(quora.com)	8,000회

에서 AI에게 인용되고 있었습니다.

한국 독자에겐 이 사이트들이 낯설게 느껴질 수 있습니다. 한국에서 비슷한 역할을 하는 사이트로 바꿔 생각해 보면 이해가 쉽습니다.

한국으로 바꿔서 보면 AI가 가장 많이 인용하는 것은 디시인사이드, 에펨코리아, 뽐뿌, 더쿠 같은 커뮤니티입니다. 실제 사용자들의 솔직한 의견과 경험이 담긴 곳이죠. 그다음으로는 나무위키 같은 백과사전 형식의 정보 사이트입니다. 방대한 정보가 체계적으로 정리되어 있어서 AI가 참

- 한국에서 비슷한 역할을 하는 플랫폼

해외 플랫폼	국내 대응/유사 플랫폼
레딧(Reddit)	디시인사이드, 에펨코리아, 뽐뿌, 더쿠
위키피디아(Wikipedia)	나무위키, 위키백과 한국어판
유튜브(YouTube)	유튜브(동일)
포브스(Forbes)	조선비즈, 매일경제, 한국경제 등 경제 미디어
링크드인(LinkedIn)	링크드인, 원티드, 잡플래닛 프로필
쿼라(Quora)	네이버 지식iN

고하기 좋습니다.

유튜브도 마찬가지입니다. 영상 콘텐츠지만 자막이나 설명란에 풍부한 정보가 담겨 있기 때문에 AI가 자주 인용합니다. 경제나 비즈니스 분야에서는 조선비즈, 매일경제 같은 전문 매체가, 취업이나 커리어 관련해서는 원티드나 잡플래닛이, 질문과 답변 형식의 정보는 네이버 지식iN이 자주 등장합니다.

핵심은 사이트 이름이 아니라 패턴입니다. AI는 전 세계 어디서든 비슷한 유형의 출처를 선호합니다. 커뮤니티에 축적된 실사용자의 경험담, 백과사전식으로 정리된 체계적 정보, 신뢰할 수 있는 전문 매체의 기사, 그리고 질문-답변 형식으로 구조화된 콘텐츠입니다. AI는 이런 유형의 정보를 '신뢰할 만하다'라고 판단하고 반복적으로 인용합니다.

산업별로 AI가 신뢰하는 출처가 다르다

산업별로 살펴보면 더 흥미로운 패턴이 보입니다. 분야마다 AI가 신뢰하는 출처의 유형이 다릅니다.

헬스케어(의료) 분야는 공신력이 생명입니다. 글로벌에서는 펍메드 센트럴PubMed Central 같은 의학 논문 데이터베이스나 CDC(미국 질병통제센터) 같은 국가 기관이 압도적으로 인용됩니다. 한국으로 치면 질병관리청, 국가건강정보 포털, 대한의학회, 서울대학교병원 건강정보 같은 곳이죠.

AI는 건강과 의료 정보에서만큼은 검증된 기관과 학술 자료를 절대적으로 선호합니다. 커뮤니티의 개인 경험담보다는 의학적으로 검증된 정보를 우선시하는 겁니다. "이 병원 괜찮아요"라는 후기보다는 '대한의학회에서 권고하는 치료법'을 먼저 인용합니다.

금융 분야는 전문성과 비교 정보가 핵심입니다. 글로벌에서는 포브스, 비즈니스 인사이더 같은 경제 전문 매체와 너드월릿NerdWallet 같은 금융 상품 비교 사이트가 주로 인용됩니다. 한국에서는 매일경제, 한국경제 같은 경제 신문과 뱅크샐러드, 토스 블로그 같은 핀테크 기업의 금융 정보 그리고 금융감독원 같은 공식 기관이 여기에 해당합니다. AI는 돈과 관련된 질문을 받으면 전문 매체나 공신력 있는 기관의 정보를 우선해서 가져옵니다. 개인 블로그의 '내가 주식으로 돈 번 방법'보다는 경제 신문의 '전문가 분석'을 더 신뢰하는 거죠.

전자제품(테크) 분야는 전문 리뷰가 왕입니다. 글로벌에서는 씨넷CNET, 더 버지The Verge, 톰스 가이드Tom's Guide 같은 테크 리뷰 전문 매체가 압도적입니다. 한국으로 치면 지디넷, IT조선 같은 IT 전문 매체나 뽐뿌의 제품 리뷰 게시판이 이런 역할을 합니다. AI는 "노트북 추천해 줘"라는 질문을 받으면 일반인의 간단한 후기보다는 전문 리뷰어가 스펙과 성능을 상세히 비교 분석한 콘텐츠를 먼저 인용합니다.

여행 분야는 조금 다릅니다. 공식 정보와 사용자 후기 둘 다 중요합니다. 글로벌에서는 트립어드바이저 같은 여행 리뷰 플랫폼과 외교부 여행 경보 같은 공식 정보가 공존합니다. 한국에서는 네이버 여행, 트리플, 마이리얼트립 같은 플랫폼과 외교부 해외안전여행 사이트가 자주 인용됩니다. 여행은 안전 정보나 비자 같은 공식 정보도 필요하지만, 실제로 가본 사람들의 솔직한 후기도 매우 중요하기 때문입니다. AI는 이 두 가지를 적절히 섞어서 답변을 구성합니다.

엔터테인먼트 분야는 커뮤니티가 주도합니다. 글로벌에서는 레딧, 유튜브, IMDb(영화 데이터베이스)가 주요 출처입니다. 한국으로 치면 디시인사이드, 유튜브, 왓챠피디아, 나무위키가 여기에 해당합니다. 영화, 드라마, 게임, 음악 같은 콘텐츠는 사람들이 어떻게 평가하는가가 가장 중요하기 때문입니다. AI는 "요즘 볼만한 영화 추천해 줘"라는 질문에 공식 영화사 홍보 자료보다는 왓챠피디아의 평점이나 나무위키의 상세한 줄거리 정리, 유튜브의 리뷰 영상을 더 많이 참고합니다.

- 분야별 AI가 선호하는 출처

분야	미국 출처 사이트	한국 출처 사이트
의료	펍메드 센트럴 (의학 논문 데이터베이스), 미국 질병통제센터(CDC)	질병관리청, 국가건강정보포털, 대한의학회, 서울대학교병원 건강정보
금융	포브스, 비즈니스 인사이더, 너드 월릿	매일경제, 한국경제, 뱅크샐러드, 토스 블로그, 금융감독원
전자제품	씨넷, 더 버지, 톰스 가이드	지디넷, IT조선, 뽐뿌 제품 리뷰 게시판
여행	트립어드바이저	네이버 여행, 트리플, 마이리얼트립, 외교부 해외안전여행 사이트
엔터테인먼트	레딧, 유튜브, IMDb	디시인사이드, 유튜브, 왓챠피디아, 나무위키

AI 추천 트래픽의 현실, 강자독식

시밀러웹 데이터에 따르면, 2025년 6월 한 달 동안 AI 플
랫폼들이 전 세계 상위 1000개 웹사이트로 보낸 추천 트래
픽은 11억 3000만 건에 달했습니다. 전년 대비 357% 증가

한 수치입니다.

그런데 이 엄청난 트래픽이 어디로 갔을까요? 뉴스와 미디어 부문을 보면, 야후Yahoo가 230만 건으로 1위를 차지했습니다. 로이터Reuters가 180만 건, 가디언The Guardian이 170만 건, 비즈니스 인사이더가 100만 건으로 뒤를 이었습니다. 한국으로 치면 네이버 뉴스, 조선일보, 중앙일보, 한겨레 같은 대형 언론사가 AI 트래픽을 독식하는 구조입니다. 지역 신문이나 중소 매체는 AI 인용에서 거의 배제됩니다.

이커머스 부문은 더 극단적입니다. 아마존Amazon이 무려 450만 건으로 압도적 1위를 기록했습니다. 엣시Etsy가 200만 건, 이베이eBay가 180만 건으로 그 뒤를 따랐습니다. 한국으로 보면 쿠팡, 네이버 쇼핑, 11번가 같은 대형 플랫폼이 AI 쇼핑 트래픽을 거의 다 가져간다는 뜻입니다. 중소 쇼핑몰이나 독립 브랜드 사이트는 AI 추천에서 철저히 소외됩니다.

테크와 소셜 부문은 규모 자체가 다릅니다. 구글이 5310만 건으로 압도적이고, 유튜브가 3120만 건, 레딧이 1110만 건, 위키피디아가 1080만 건을 기록했습니다. 한국으로 치면 네이버, 카카오, 유튜브, 나무위키 같은 초거대 플랫폼이 AI 트래픽의 대부분을 가져간다는 뜻입니다.

패턴이 보이시나요? 이미 거대한 브랜드들이 AI 추천 트래픽마저 독식하고 있습니다. 소수의 '승자'가 압도적인 노출을 얻고, 나머지는 거의 아무것도 얻지 못하는 구조입니다. AI 시대에는 검색 시대보다 더 심한 '승자독식' 현상이 벌어지고 있는 겁니다.

왜 AI는 이런 출처들을 선호할까?

글로벌이든 한국이든 AI가 선호하는 출처에는 공통점이 있습니다.

첫째, 다수의 실제 경험이 쌓인 곳.

레딧이나 디시인사이드 같은 커뮤니티가 상위에 오르는 이유가 있습니다. 수많은 사람이 "실제로 써봤는데" "직접 가봤는데"라며 경험을 공유합니다. AI는 이런 집단 지성을 신뢰합니다. 한 사람의 의견보다 1000명의 의견이 모인 곳을 더 믿는 거죠.

둘째, 정보가 구조화되어 있는 곳.

위키피디아나 나무위키가 자주 인용되는 이유도 명확합니다. 정보가 깔끔하게 정리되어 있고, 출처가 명시되어 있고, 지속적으로 업데이트됩니다. AI가 이해하고 활용하기 좋은 형태입니다.

셋째, 해당 분야의 전문성이 인정된 곳.

의료는 질병관리청, 금융은 금융감독원, 테크는 전문 리뷰 사이트를 주로 인용합니다. AI는 각 분야에서 "이곳의 정보는 믿을 만하다"라는 평판이 쌓인 곳을 우선해서 참조합니다.

넷째, 꾸준히 새로운 콘텐츠가 올라오는 곳.

유튜브, 뉴스 사이트, 활발한 커뮤니티의 공통점은 '살아 있다'라는 것입니다. AI는 3년 전 글만 있는 사이트보다 어제도 새 글이 올라온 사이트를 더 신뢰합니다.

한국에서도 같은 원리가 적용됩니다. 네이버 블로그, 유튜브, 커뮤니티, 전문 미디어 등 플랫폼 이름은 달라도 AI가 찾는 '좋은 정보의 조건'은 동일합니다.

없으면 경쟁자가 전부 가져간다

셈러시 분석에서 가장 주목할 만한 문장은 이것입니다.

"AI 어시스턴트는 하나의 응답에서 소수의 출처만 인용합니다. 포함되면 불균형적으로 큰 노출을 얻습니다. 반대로, 포함되지 않으면 경쟁자가 거의 모든 노출을 가져갑니다." 이것이 제로 클릭 시대의 핵심입니다.

네이버 검색 1페이지에서는 10개 결과가 경쟁합니다. 1위를 못 해도 6위나 8위에 있으면 어느 정도 클릭을 받을 수 있습니다.

하지만 AI 답변에서는 3~5개만 언급됩니다. 6위부터는 존재하지 않는 것과 같습니다. AI가 "이 병원들을 추천합니다"라고 말할 때, 우리 병원이 거기에 없으면 사용자는 우리의 존재 자체를 모릅니다.

가능성은 열려 있다

그럼에도 가능성은 열려 있다는 것이 핵심입니다. 예전에는 검색 상위에 오르려면 막대한 마케팅 비용이 필요했습니다. 지금은 다릅니다. 내 분야에서 구체적이고 신뢰할 수 있는 정보를 꾸준히 쌓으면, 규모가 작아도 AI 답변에 등장할 수 있는 구조가 만들어지고 있습니다.

한 가지 분명히 해야 할 점은 세부 질문을 했을 때 작은 가게라고 해서 자동으로 AI에 나오는 건 아니라는 점입니다. AI가 맥락을 이해하고 다양한 출처를 고려한다고 해도 정보가 없는 곳을 찾아내지는 못합니다.

그래서 앞서 언급한 실행 전략들이 중요합니다. FAQ 만들기, 블로그에 전문 지식 공유하기, 네이버 플레이스 정보 꼼꼼히 채우기. 이런 것들이 단순히 '있으면 좋은 것'이 아니라, AI 시대에 존재감을 만드는 핵심 활동이 됩니다.

4주 실행 로드맵

지금까지 2~5장을 통해 네 가지 문제를 살펴봤습니다. 이번에는 그동안 배운 내용을 요일별로 실행할 수 있는 상세 로드맵입니다. 더 체계적인 계획이 필요한 마케팅 담당자, 팀 리더, 사업 운영자 등 조직 내에서 이 프로젝트를 주도하는 분들께 유용합니다.

1주차: 현황 진단

목표: 우리 브랜드의 현재 상태를 정확히 파악합니다.

월요일	챗GPT, 제미나이, 퍼플렉시티에 접속해서 업종 추천 질문 세 가지를 던져봅니다. 결과를 기록하면서 우리 브랜드 언급 여부와 순서를 확인하세요.
화요일	"(우리 브랜드명)이 뭐야?"라고 질문하고, AI 답변 내용의 정확성을 체크합니다. 틀린 정보가 있으면 정리해 두세요.
수요일	경쟁사 3곳을 선정하고, 같은 질문으로 경쟁사 언급 여부를 확인합니다. 비교 분석표를 작성하세요.
목요일	퍼플렉시티에서 출처를 확인합니다. 우리 홈페이지가 출처로 나오는지, 어떤 페이지가 인용되는지 파악하세요.
금요일	1주차 결과를 정리합니다. 우리 상황이 네 가지 문제 상황 중 어떤 것에 해당하는지 판단하고, 2주차에 실행할 항목을 결정하세요.

1주차 결과물:
AI 브랜드 진단 보고서(간단한 메모로도 OK), 우선 해결할 문제 파악

2주차: 가장 시급한 문제 해결

목표: AI의 답변에 나오지 않거나 잘못된 답변이 나올 경우 실행합니다.

월요일	홈페이지의 '회사 소개' 페이지를 점검합니다. 텍스트 복사가 가능한지 확인하고 부족한 부분을 파악하세요.
화요일	회사 소개 텍스트를 300~500자로 작성하고 홈페이지에 업데이트합니다(직접 또는 전문가 요청).
수요일	FAQ 아이템 리스트를 작성합니다. 고객 문의 메일이나 전화 기록을 검토하고, 영업팀에 자주 받는 질문을 물어봅니다. 최소 10개를 선정합니다.
목요일	FAQ 답변 10개를 작성합니다. 각 답변을 200~400자 내외의 쉬운 언어로, 구체적으로 작성하세요.
금요일	FAQ 페이지를 홈페이지에 게시하고, 모든 채널(네이버 블로그, SNS)의 회사 소개를 일치시킵니다.

2주차 결과물:
업데이트된 회사 소개 페이지, FAQ 10개 완성 및 게시

3주차: 콘텐츠 보강

목표: 지속 가능한 콘텐츠 생산을 시작합니다.

월요일	블로그 주제 세 가지를 선정합니다. 고객이 자주 묻는 질문, 우리 전문 분야의 기본 지식, 최근 업계 변화나 트렌드를 기반으로 선정하세요.
화요일~수요일	첫 번째 블로그 글을 1000~1500자로 작성합니다. 제목은 질문 형식 또는 "○○ 하는 방법"으로 하고, 내용은 쉬운 설명과 구체적 예시로, 구조는 소제목으로 구분하세요.
목요일	블로그 글을 발행합니다. 자사 홈페이지에 먼저 발행하고, 네이버 블로그에도 게시하세요.
금요일	기존 콘텐츠를 업데이트합니다. 3년 이상 된 정보를 찾아서 최신 정보로 수정하고, 이미지로만 된 부분에 텍스트를 추가하세요.

3주차 결과물:
블로그 글 1개 발행, 기존 콘텐츠 1~2개 업데이트

4주차: 점검 및 다음 계획

목표: 변화를 측정하고 지속 계획을 수립합니다.

월요일	1주차에 했던 AI 브랜드 체크를 다시 실행합니다. 같은 질문을 던져서 결과 변화가 있는지 확인하세요.
화요일~ 수요일	3주차에 선정한 블로그 주제로 블로그 글을 작성합니다. 그리고 이번 달 한 일을 정리하고, 다음 달 계획을 팀과 공유하며, 역할을 분담하세요.
목요일	3주차에 했던 것처럼 블로그 글을 발행합니다. 블로그 글은 매주 목요일 발행으로 고정하고, FAQ는 매달 5개씩 추가하며, 매달 마지막 주 월요일에는 AI 브랜드 체크를 하는 등 각자 상황에 맞게 루틴을 확립하세요.
금요일	그동안 실천한 결과물로 인한 변화를 기록합니다. 즉시 변화가 나타나지 않을 수 있지만(AI 학습 시간 필요), 우리가 한 일을 정리하고 홈페이지 개선 사항을 문서화하세요. 다음 달 계획을 수립합니다. 블로그 글 4개 발행, FAQ 10개 추가를 목표로 하며, 보도자료 또는 외부 기고를 계획하세요.

4주차 결과물:
블로그 글 1개 발행, 1개월 실행 결과 보고서 작성, 다음 달 콘텐츠 계획,
정기 루틴 확립

4주 실행 로드맵 체크리스트

주차	핵심 활동	산출물
☐ 1주차	현황 진단	AI 브랜드 진단 보고서, 문제 파악
☐ 2주차	긴급 개선	회사 소개 업데이트, FAQ 10개
☐ 3주차	콘텐츠 시작	블로그 글 1개, 기존 콘텐츠 업데이트
☐ 4주차	점검 및 계획	결과 정리, 다음 달 계획, 루틴 확립

팀원과 경영진 설득 가이드

팀과 함께 실행하기

어떤 분들은 "이걸 다 혼자 하라고요?"라는 생각에 부담스러울 수 있습니다. 회사에 마케팅팀이나 홍보팀이 있다면 함께 진행하세요.

팀 설득 포인트

팀원들에게 이 프로젝트의 필요성을 설명할 때 활용하세요.

1. AI 검색 트렌드를 공유합니다(이 책의 1장 요약 공유).
2. 우리 브랜드 AI 진단 결과를 보여줍니다.
3. 경쟁사 비교 자료를 제시합니다.
4. "한 달만 실험해 봅시다"라고 제안합니다.

역할 분담 예시

혼자서도 할 수 있지만, 팀으로 하면 부담이 줄어들고 지속 가능성이 높아집니다.

역할	담당 업무	주당 시간
콘텐츠 기획	주제 선정, 키워드 리서치	2시간
콘텐츠 작성	블로그 글, FAQ 작성	3시간
홈페이지 관리	콘텐츠 업로드, 페이지 수정	1시간
검토 및 승인	최종 검토, 발행 승인	1시간
합계		주 7시간 (하루 약 1.5시간)

경영진 설득 가이드

"사장님한테 어떻게 설명하죠?" 결정을 내리는 것은 결국 경영진입니다. 다음은 경영진을 설득하는 데 사용할 수 있는 방법입니다.

경영진 설득 시나리오

상황: 대표님께 AI 대응 필요성을 보고하는 자리

1단계: 현상 공유

"요즘 고객들이 네이버 검색보다 챗GPT로 정보를 찾는 추세입니다. 한국에서만 2000만 명 이상이 챗GPT를 사용하고 있습니다."

2단계: 우리 현황 제시

"우리 브랜드를 챗GPT에 검색해 봤는데, 경쟁사 3곳은 추천되는데 우리는 나오지 않았습니다."

→ 실제 AI 검색 화면 캡처해서 보여주기

3단계: 기회비용 설명

"고객이 AI로 정보를 찾는데, AI가 우리를 모르면 신규 고객 유입이 점점 줄어들 수 있습니다."

4단계: 해결책 제시

"큰 비용이 들지 않습니다. 홈페이지 콘텐츠 보강과 블로그 운영으로 개선 가능합니다. 하루 1~2시간 정도면 시작할 수 있습니다."

5단계: 실험 제안

"3개월만 실험해 보고, 변화가 없으면 중단하겠습니다. 다만 지금 시작하지 않으면 경쟁사와 격차가 더 벌어질 수 있습니다."

설득 자료 패키지

경영진 보고용 자료를 다음과 같이 구성하세요.

1. 현황 진단 결과(92쪽 활용)

2. 경쟁사 비교표(170쪽 활용)

3. 개선 계획(워크시트 활용)

4. 예상 비용 및 투입 시간

5. 기대 효과

예상 질문과 답변

질문: "비용이 얼마나 드나요?"

답변: "홈페이지 부분 수정에 30~50만 원 정도, 콘텐츠 제

작은 내부에서 가능합니다. 외부 전문가를 쓴다면 월 100~200만 원 추가됩니다."

질문: "비용 써서 했는데 효과 없으면 어떻게 하나요?"

답변: "처음부터 큰 비용이 필요한 작업은 아닙니다. 홈페이지 정보 업데이트, FAQ 작성, 블로그 글 발행처럼 내부에서 할 수 있는 기본적인 개선부터 시작할 수도 있습니다."

질문: "효과가 언제 나타나나요?"

답변: "AI가 새로운 정보를 학습하는 데 3~6개월 걸립니다. 즉각적인 효과를 기대하기는 어렵지만, 장기적으로 필수적인 투자입니다."

질문: "안 하면 어떻게 되나요?"

답변: "경쟁사는 AI에 노출되는데 우리는 안 되면, 신규 고객은 경쟁사로 갑니다. 특히 젊은 세대일수록 AI 검색 의존도가 높습니다."

외부 도움이 필요한 시점

이런 경우 외부 전문가를 고려하세요.

전문가가 필요한 경우

- 홈페이지 구조 자체를 바꿔야 하는 경우(이미지에서 텍스트로)
- 내부에 콘텐츠 작성 역량이 없는 경우
- 체계적인 콘텐츠 전략 수립이 필요한 경우
- SEO와 SAO를 함께 고려한 통합 전략이 필요한 경우
- 단기간 내 콘텐츠를 대량으로 기획 및 제작해야 하는 경우(홈페이지 개편, 캠페인 실행)

참고로 SAO는 Search AI Optimization의 약어로, AI 검색 최적화를 뜻하는 새로운 개념입니다. 기존에 사용하던 개념인 SEO(Search Engine Optimization, 검색엔진 최적화)와 구분됩니다.

외부 전문가 유형

유형	담당 업무
웹 에이전시	홈페이지 구조 개선
디지털 마케팅 에이전시	콘텐츠 기획 및 제작
AI 마케팅 컨설팅(GEO 컨설팅)	종합 전략 수립

업무별로 외부 담당자를 구해 함께할 수도 있습니다. 하지만 기본은 직접 할 수 있습니다. 외부 전문가를 쓰기 전에, 이 책에서 설명한 실행 방법을 먼저 직접 해보세요. FAQ 만들기, 블로그 시작하기, 회사 소개 페이지 텍스트 보강. 이것만으로도 충분한 효과를 볼 수 있습니다.

당장 다음 주 월요일부터 시작하세요. 워크시트의 내용을 읽기만 하지 마세요. 달력에 표시하고 실행하세요. 한 달 후, 당신의 브랜드는 AI에게 조금 더 보이기 시작할 것입니다.

미래

6장

지금 준비하지 않으면 따라갑을 수 없다

검색 회사의 종말을
선언한 네이버

지금까지 제로 클릭 현상으로 인해 바뀐 상황에 어떻게 대응해야 하는지 알아보았습니다. 지금까지는 당장 우리에게 닥친 현실이었다면, 이제부터는 조금 더 미래의 모습을 살펴보겠습니다.

하지만 너무 먼 미래거나 터무니없고 비현실적인 공상과학 영화 이야기는 아닙니다. 앞으로는 인간이 직접 움직이지 않아도 AI 혼자 쇼핑하고, 예약하고, 결제까지 대신하는 시대가 될 것입니다. 이미 시작됐습니다.

우리가 얼마 전까지는 생각하지도 못했던 챗GPT 같은 AI 툴을 지금은 당연하게 사용하고 있는 것처럼 1년 후 혹은 몇 달 후에는 AI로 쇼핑의 모든 과정을 해결하는 게 당연한 일상이 된다면 어떨까요? 앞서 배운 내용들을 지금 당장 실천하지 않은 것을 후회할지도 모릅니다.

네이버, 검색 회사에서 AI 에이전트 회사로

2025년 11월 6일, 네이버는 'DAN25(단25)' 컨퍼런스를 열었습니다. 여기서 통합 AI 에이전트를 공개했죠. 네이버 최수연 대표의 말이 인상적이었습니다.

"검색 회사에서 AI 에이전트 회사로 넘어가겠다."

사실 네이버의 AI 전환은 이미 시작됐습니다. 생성형 AI 검색 서비스인 'AI 브리핑'은 2025년 기준 전체 검색의 약 15%를 차지합니다. 이용자는 3000만 명을 넘어섰습니다. 특징이 뭘까요?

질문을 하면 웹 문서 요약뿐 아니라 관련 상품과 콘텐츠까지 함께 보여줍니다. "홈 트레이닝을 시작하고 싶은 30대 직장인 운동 루틴" 이렇게 물어보면 운동 정보와 함께 관련 운동기구, 운동복을 네이버 쇼핑과 연결해서 추천합니다. 정보 검색과 쇼핑 탐색이 한 화면에서 이뤄지는 거죠.

네이버플러스 스토어의 AI 개인화 확대

커머스 영역에서는 더 공격적입니다. 네이버플러스 스토어는 AI 기반 개인화 추천을 확대하고 있습니다. 최수연 대표는 홈 화면에 적용되는 AI 개인화 비중을 기존 31%에서 80%까지 늘리겠다고 밝혔습니다. '사용자마다 전혀 다른 쇼핑 첫 화면'을 목표로 하고 있는 겁니다.

사람들은 더 이상 검색창에 키워드를 쳐서 쇼핑몰을 고르지 않습니다. 홈피드와 추천 영역에서 자연스럽게 자신의 취향에 맞는 상품을 만나고, 네이버페이로 바로 결제까지 이어집니다.

핵심은 2026년 계획입니다. 네이버는 에이전트 N을 통해 2026년 1분기에 네이버플러스 스토어용 쇼핑 에이전트를 출시하고, 2분기에는 통합검색용 AI 탭을 출시할 계획입니다. 어떤 검색어를 쓸지 고민하지 않고, 에이전트 N과 대화만 하면 원하는 콘텐츠, 상품, 서비스로 연결됩니다. 필요하면 예약과 결제까지 에이전트가 대신 수행합니다. 특히 쇼핑 에이전트는 실제 구매자 리뷰뿐만 아니라 판매자와 연결된 재고 데이터를 활용해 상품을 추천합니다. AI가 보여주는 상품 정보의 신뢰도를 차별화 포인트로 삼았습니다.

한국형 AI 쇼핑 생태계

네이버의 강점은 무엇일까요? 검색, 지도(플레이스), 쇼핑, 결제(네이버페이)가 모두 하나로 연결되어 있습니다. 이 생태계를 기반으로, 에이전트 N이 사용자를 대신해 '찾고, 비교하고, 사주고, 예약까지 잡아주는 생활형 에이전트'를 만들고 있는 겁니다.

글로벌 기업들이 영어권 시장을 공략한다면, 네이버는 한국 생활 전반을 지원하는 AI 에이전트 플랫폼을 목표로 합니다. 2026년, 한국에서 AI 쇼핑이 어떤 모습일지 기대되는 이유입니다.

구글이 그리는
편리한 미래

글로벌은 더 빠르게 움직이고 있습니다. 2025년 5월, 구글이 매년 개발자들을 대상으로 진행하는 연례 개발자 컨퍼런스 I/O(구글 아이오)에서 AI 쇼핑의 새로운 비전을 발표했습니다. 단순한 기능 추가가 아니었습니다. 쇼핑 자체를 완전히 다시 설계한 것이었습니다.

구글 AI 모드로 내 상황에 맞는 제품을 찾는다

"편리한 여행 가방을 찾아줘."

구글 AI 모드에서 이렇게 검색하면 어떤 일이 벌어질까요? 과거 같았으면 검색 결과 링크 목록이 나왔을 겁니다.

그걸 하나씩 클릭하면서 내 취향과 예산에 맞는 여행 가방을 찾아야 했죠.

이제는 다릅니다. AI가 여러분의 검색 의도를 파악해서 출처와 함께 여행 스타일에 따른 적절한 사이즈와 유형을 고려해 제품을 추천합니다. 대화는 계속됩니다.

"2월에 베트남 사파로 여행을 갈 거야. 이동이 많으니 여기에 맞는 여행 가방을 추천해 줘"

■ 구글 AI 모드 여행 가방 추천

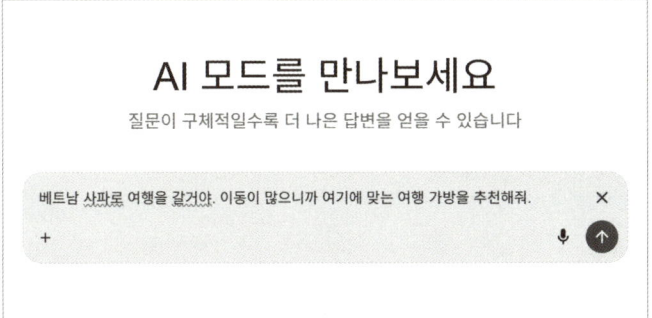

그러면 AI는 동시에 여러 검색을 실행합니다('팬아웃'이라고 부릅니다). 2월 베트남 사파의 날씨는 어떤지, 비 오는 날씨에 맞는 가방은 무엇인지, 이동이 많은 여행에 적합

▪ 구글 AI 모드 여행 가방 추천 답변

AI 모드　　전체　　이미지　　동영상　　뉴스　　더보기 ▾

2월의 베트남 사파는 연중 가장 추운 시기로, 안개가 잦고 습하며 비가 내릴 수 있는 환경입니다. 하노이에서 사파로 이동할 때 주로 슬리핑 버스나 기차를 이용하며, 현지에서는 트레킹이나 오토바이 이동이 많으므로 기동성과 방수 기능이 뛰어난 가방을 추천합니다. ✎

1. 메인 가방: 대형 백팩 (40~50L) 또는 소프트 캐리어

사파는 언덕과 계단이 많고 도로가 고르지 않아 바퀴가 달린 하드 캐리어보다는 직접 메고 이동할 수 있는 백팩이 훨씬 유리합니다. ✎

- **추천 이유:** 슬리핑 버스나 기차의 좁은 수납공간에 넣기 수월하며, 비포장도로나 좁은 골목을 이동할 때 기동성이 좋습니다.
- **필수 기능:** 안개와 비에 대비한 레인 커버(방수 커버)가 포함된 제품을 선택하세요.
- **추천 모델 예시:** 오스프리 파포인트 40 (Osprey Farpoint 40)과 같이 등판 시스템이 탄탄하고 짐을 효율적으로 분배해주는 제품이 적합니다. ✎

2. 보조 가방: 데이팩(Daypack) 또는 슬링백

트레킹이나 마을 구경 시에는 큰 가방을 숙소에 맡기고 필요한 물건만 챙길 작은 가방이 반드시 필요합니다. ✎

- **용도:** 여권, 보조배터리, 상비약, 가벼운 외투, 우비 수납.
- **추천 특징:** 도난 방지를 위해 몸에 밀착되는 **슬링백**이나 **크로스백**이 안전합니다. ✎

AI 모드　　전체　　이미지　　동영상　　뉴스　　더보기 ▾

편리한 여행 가방을 추천해줘

편리한 여행 가방은 **내구성, 가벼운 무게, 실용적인 기능**을 모두 갖춘 제품을 선택하는 것이 좋습니다. 여행 스타일에 따라 적절한 사이즈와 유형을 고려해 추천 제품들을 살펴보세요. ✎

여행 스타일에 따른 추천 사이즈 가이드

먼저 여행 기간과 스타일에 따라 적절한 가방 크기를 선택하는 것이 중요합니다. ✎

여행 스타일 ✎	추천 사이즈	용량 (ℓ)
1~3일 출장, 단기 여행	20인치	30~45L
4~7일 여행, 커플 여행	24~26인치	60~80L
7~14일 장기 여행	28~30인치	90~120L
14일 이상 장기 체류	32인치 이상	120~150L

한 기능은 무엇인지를 동시에 찾아봅니다. 그리고 이 모든 정보를 종합해서 방수 기능이 있고, 이동에 편리한 백팩과 같은 가방들을 추천해 줍니다. 기본 가방뿐만 아니라 보조 가방도 추천하고, 짐을 쌀 때 무엇을 고려해야 하는지까지 자세하게 알려줍니다. 화면의 오른쪽에는 AI가 어떤 정보를 확인하고 추천하는지 알 수 있는 출처 패널입니다. 대화가 진행될수록 더 자세한 출처가 계속 업데이트됩니다. 여러분이 원하는 것에 점점 가까워지는 거죠.

500억 개의 상품이 당신을 기다린다

구글은 쇼핑 그래프라는 일종의 쇼핑 지도를 가지고 있습니다. 전 세계 모든 가게에서 팔리는 물건 500억 개 이상의 정보를 한곳에 모아두었죠. 대형 인터넷 쇼핑몰의 베스트셀러부터, 우리 동네 작은 가게의 특별 상품 정보까지 모두 포함되어 있고, 각 물건의 가격, 고객 리뷰, 색깔 선택지뿐만 아니라 지금 재고가 있는지 없는지도 꼼꼼히 기록되어 있습니다.

더 놀라운 건, 이 정보가 하루에도 수십 번씩 새로 갱신된다는 사실입니다. 매시간 20억 개씩 업데이트되니, 누군가 정보를 검색할 때마다 지금 이 순간의 가장 정확한 정보를 보여줍니다. 예를 들어 "파티 드레스 추천해 줘"라고 하면, AI가 사용자의 취향에 맞춰 여러 옵션을 뽑아주고, "이거 재고 있어? 색상은 어때?" 같은 질문에 바로 답하며 쇼핑을 도와줍니다. 마치 똑똑한 쇼핑 친구가 곁에서 실시간으로 조언해 주는 것과 다름이 없죠.

내 모습으로 옷을 입어볼 수 있다

온라인 쇼핑의 가장 큰 고민이 뭘까요? "내가 입으면 어떻게 보일까?"입니다. 직접 가서 눈으로 보거나 입어볼 수 없는 것이 가장 큰 문제였죠. 구글은 이 문제를 가상 피팅으로 해결했습니다. 내 사진을 업로드하면, AI가 내 몸에 옷을 입혀서 보여줍니다.

이건 단순히 사진에 옷을 붙이는 게 아닙니다. AI는 인체의 구조를 이해합니다. 옷감의 특성도 파악하죠. 면은 어떻게 접히고, 니트는 어떻게 늘어나고, 실크는 어떻게 흘러내리는지 알고 있습니다. 그래서 내 몸에 맞춰 자연스럽게 드레이프되는 모습을 보여줄 수 있습니다.

셔츠, 바지, 스커트, 드레스를 쇼핑할 때 상품 목록에서

'입어보기(try it on)' 아이콘을 탭하면 됩니다. 전신사진을 업로드하고 몇 초만 기다리면, 웨딩 시즌용 맥시 드레스나 휴가에 입을 셔츠가 내 몸에 어울리는지 확인할 수 있습니다. 친구에게 공유해서 의견을 물어볼 수도 있죠.

AI가 대신 결제해준다

가장 획기적인 기능은 '에이전틱 체크아웃Agentic Checkout', 즉 AI가 대신 결제해 주는 기능입니다. 여러분이 마음에 드는 제품을 찾았다고 해봅시다. 하지만 지금 가격이 조금 부담스럽습니다. 그러면 상품 목록에서 '가격 추적track price'을 선택해서 사이즈, 색상 등 원하는 옵션과 지불 가능한 가격을 설정합니다. 그리고 기다립니다. 가격이 떨어지면 알림이 옵니다. 이제 구매할 준비가 됐으면, '대신 사줘(buy for me)'를 선택하면 됩니다.

그러면 AI가 무엇을 할까요? 판매자 사이트에 접속해서 장바구니에 상품을 담고, 구글 페이로 결제를 완료하며, 모든 과정을 여러분 대신 처리합니다. 여러분은 클릭 한 번만 하면 됩니다. 나머지는 AI가 알아서 합니다.

이것이 바로 제로 클릭의 진화입니다. 검색 결과를 클릭하지 않는 것을 넘어, 구매 과정에서도 클릭이 최소화됩니다.

구글 제미나이와 외부 서비스의 연결

구글은 여기서 멈추지 않습니다. 2025년 11월, 구글은 제미나이에서도 대화형 쇼핑과 AI 대신 결제 기능을 확대했습니다. 쇼피파이Shopify, 월마트Walmart, 타깃Target과 같은 외부 서비스를 제미나이와 연결하고 있습니다.

사용자는 이렇게 말할 수 있습니다. "도쿄 3박 4일 일정 짜줘, 항공편과 호텔까지 같이 잡아줘" 그러면 제미나이가 항공권, 호텔, 이동 수단을 구글 검색 데이터를 기반으로 정리해 추천하고, 각 서비스의 예약 페이지로 자연스럽게 넘겨줍니다. 일부 제휴 상점(웨이페어Wayfair, 츄이Chewy, 일부 쇼피파이 스토어)에서는 더 단순화된 결제 흐름도 제공하기 시작했습니다.

더 나아가, AI가 근처 매장에 직접 전화를 걸어 재고를 확인해 주거나, 온라인 가격과 오프라인 매장 상황을 동시에 비교해 주는 기능까지 추가됐습니다. '정보 탐색 + 현실 행동(전화, 예약)까지 이어주는 쇼핑 도우미'에 가까워지고 있는 겁니다.

구글이 그리는 미래는 명확합니다. "AI와 대화만으로 원하는 것을 찾고, 보고, 사는 세상"입니다.

챗GPT 창 안에서
모든 것이 끝나는 경험

전 세계에서 가장 많이 쓰이는 AI, 챗GPT도 쇼핑 플랫폼으로 진화하고 있습니다. 그것도 아주 빠르게요.

구글 제미나이가 검색, 지도, 유튜브, 외부 상점을 이어주는 개방형 허브 역할에 초점을 두고 있다면, 오픈AI의 챗GPT는 창 안에서 결제까지 끝나는 폐쇄형 쇼핑 경험을 밀고 있습니다.

2025년 9월: 챗봇 안에서 끝나는 쇼핑

2025년 9월, 오픈AI는 획기적인 기능을 공개했습니다. '인스턴트 체크아웃Instant Checkout', 즉시 결제 기능이었습니다.

어떻게 작동할까요?

"커피 머신 추천해 줘" 챗GPT에 이렇게 물어보면, 제휴 상점의 상품을 골라서 보여줍니다. 마음에 드는 상품 옆에 '구매(Buy)' 버튼이 나타납니다. 버튼을 누르면? 배송지와 결제 수단을 확인하고, 챗GPT 화면 안에서 바로 주문이 완료됩니다. 외부 쇼핑몰로 이동할 필요가 없습니다. 새 창이 뜨지도 않습니다. 챗봇 안에서 대화하다가 그 자리에서 쇼핑을 끝내는 겁니다.

이게 어떻게 가능할까요?

오픈AI는 글로벌 결제 서비스인 스트라이프Stripe, 페이팔paypal과 제휴했습니다. 실제로는 상점이 원래 쓰던 결제 시스템을 그대로 사용합니다. 챗GPT는 주문 정보를 안전하게 전달하는 중간 에이전트 역할만 하는 거죠.

오픈AI와 스트라이프가 함께 만든 '에이전틱 커머스 프로토콜Agentic Commerce Protocol'이라는 규격 덕분에 여러 쇼핑몰이 같은 방식으로 챗GPT와 연결됩니다.

사용자는 어떻게 결제할까요? 현재 챗GPT의 유료 구독자라면 이미 구독을 위해 등록한 카드로 바로 결제가 가능합니다. 아직 유료 구독을 하지 않고 있는 사용자라면 카드나 빠른 결제 수단을 추가해서 편하게 사용할 수 있습니다. 그리고 앞으로는 페이팔 지갑과 연동도 가능하다고 합니다. 매번 카드 번호를 입력할 필요가 없습니다. 한 번 등록하면 끝입니다.

실제 영향력은 얼마나 될까?

구조적으로 보면, 이건 큰 변화입니다. 과거에는 검색 포털에 들어가서 쇼핑몰을 찾고, 제품 페이지를 둘러본 뒤 결제하는 과정을 거쳤습니다. 하지만 이제는 AI 비서에게 물어보고, 추천받고, 같은 화면에서 바로 결제하면 됩니다. 검색 포털도, 개별 쇼핑몰도 거치지 않습니다. 챗GPT가 새로운 쇼핑 진입로가 되고 있는 겁니다.

모바일 앱 인사이트 업체 앱토피아Apptopia의 분석이 흥미롭습니다. 2025년 블랙프라이데이 쇼핑 주말 동안, 챗GPT를 통한 리테일 모바일 앱 유입이 전년 대비 28% 증가했습니다. 앱토피아는 챗GPT 세션 직후(30초 이내) 발생한 리테일 앱 방문을 '유입 세션'으로 정의했습니다.

대형 업체가 압도적으로 유리하다

그런데 여기서 주목할 점이 있습니다. 챗GPT 쇼핑 유입의 혜택이 누구에게 돌아가느냐는 것입니다.

앱토피아의 데이터를 보면, 사람들이 챗GPT를 사용한 직후 어떤 쇼핑 앱을 방문했는지 알 수 있습니다. 2025년 블랙프라이데이 쇼핑 주말 동안 챗GPT를 사용한 후 아마존 앱을 방문한 비율이 전체의 54%였습니다. 전년도에는 40.5%였으니, 상당히 증가한 수치입니다. 월마트는 더욱 극적입니다. 전년도 2.7%에서 무려 14.9%로 5배 이상 급증했죠. 두 거대 기업이 전체 챗GPT 쇼핑 유입의 약 70%를 차지하는 겁니다.

왜 이런 현상이 벌어질까요? AI는 '신뢰할 수 있는' 정보를 선호합니다. 대형 유통업체는 방대한 상품 정보, 수많은 리뷰, 풍부한 온라인 데이터를 가지고 있습니다. AI 입장에서는 이런 업체를 추천하는 게 안전한 선택이죠.

작은 쇼핑몰이나 브랜드는 이 경쟁에서 밀릴 수밖에 없습니다. 아무리 좋은 제품을 팔아도, AI가 알 만큼 충분한 온라인 정보가 없다면 추천받기 어렵습니다.

아직은 시작 단계

걱정하지 마세요. 아직은 시작 단계입니다. 전년 대비 큰 폭으로 증가했다고 하지만, 소비자들이 AI 챗봇을 통해 쇼핑하는 비중은 여전히 작습니다. 2024년에는 전체 챗GPT 세션의 0.64%였고, 2025년에는 0.82%입니다. 1% 미만이지만, 방향은 분명합니다.

점점 더 많은 사람들이 쇼핑 아이디어를 AI에게 물어보고, AI가 제공하는 링크로 구매합니다. 이 비율이 5%가 되고, 10%가 되면 어떻게 될까요? 검색엔진 없이 AI와의 대화만으로 구매가 이루어지는 세상이 됩니다.

챗GPT가 보여주는 현실은 이렇습니다. "AI 쇼핑 시대는 이미 시작됐고, 대형 업체에 유리한 구조다."

빠르게 진화하는
퍼플렉시티의 야망

퍼플렉시티는 2024년 말부터 조용히, 그러나 빠르게 쇼핑 AI로 진화했습니다. 검색만 하던 서비스가 1년 만에 '검색 → 추천 → 결제'까지 이어지는 완전한 쇼핑 플랫폼이 된 겁니다. 어떻게 이 변화가 가능했을까요? 시간순으로 따라가 보겠습니다.

2024년 11월: 쇼핑 검색의 시작

2024년 11월 18일, 퍼플렉시티는 미국 시장에 쇼핑 검색 기능을 처음 공개했습니다.

　"서재를 꾸미고 싶은데 필요한 가구를 추천해 줘."

이렇게 자연어로 질문하면, AI가 필요한 물건 목록과 제품 후보를 카드 형식으로 보여줬습니다. 특히 쇼피파이와 연동해서 쇼피파이 기반 쇼핑몰의 최신 가격과 재고 정보를 실시간으로 제공했죠.

"100달러 이하만" 같은 조건도 대화로 지정할 수 있었습니다. 하지만 이 시점에는 여전히 '검색과 비교'가 핵심이었습니다. 결제는 외부 쇼핑몰로 이동해서 처리해야 했죠.

2025년 초: 유료 사용자를 위한 원클릭 결제

몇 달 후 퍼플렉시티는 유료 플랜인 Pro 구독자를 위한 기능('Shop like a Pro', 'Buy with Pro')을 선보였습니다. 이제 미국 유료 사용자는 주소와 카드 정보를 미리 저장해두고, 원클릭으로 주문을 완료할 수 있게 됐습니다.

중요한 변화가 생긴 겁니다. 더 이상 개별 쇼핑몰 사이트로 이동하지 않아도, 퍼플렉시티 화면 안에서 주문 과정을 마칠 수 있게 된 것이죠. 'AI 검색 + 내장 결제'의 첫 모습이었습니다.

2025년 5월: 페이팔 제휴로 본격화

2025년 5월 14일, 결정적인 발표가 나왔습니다. 퍼플렉시티와 페이팔의 전략적 제휴였습니다.

이제 사용자가 상품을 물어보면 AI가 여러 상품을 비교해 추천해 주고, 마음에 드는 옵션을 선택한 뒤 페이팔 또는 벤모Venmo로 즉시 결제를 완료하면 됩니다. 결제 처리, 배송, 추적은 페이팔이 맡고, 퍼플렉시티는 대화창에서 선택과 승인만 담당합니다.

페이팔의 패스키 체크아웃 덕분에 원클릭에 가까운 형태로 결제가 끝납니다. 여행 예약, 콘서트 티켓 같은 디지털 서비스까지 범위가 확대됐죠. 업계에서는 이를 '에이전틱 커머스agentic Commerce 시대의 시작'이라고 평가했습니다.

2025년 11월: 무료 사용자로 확대

그리고 2025년 11월 25일, 퍼플렉시티는 중요한 결정을 내렸습니다. AI 쇼핑 경험을 미국 전역 사용자에게 무료로 제공하겠다는 것이었습니다. 이전까지 Pro 중심이었던 쇼핑 기능을 일반 사용자에게 열어, 대화형 쇼핑을 대중화하는 방향으로 전환한 겁니다.

퍼플렉시티는 이렇게 말했습니다. "온라인 쇼핑의 진짜 즐거움은 '마음에 드는 제품을 발견하는 과정'에 있다." 검색창은 정확한 품목을 찾는 데는 좋지만, 탐색에는 한계가 있습니다. 리뷰 사이트는 제휴 수익에 치우쳐 있고, 기존 혁신은 빠른 결제에만 집중했을 뿐 쇼핑의 즐거움은 외면했습니다. 퍼플렉시티의 접근은 달랐습니다.

"AI 어시스턴트가 사용자를 대체하는 게 아니라, 사용자의 역량을 확장해야 한다."

맥락을 기억하는 쇼핑 대화

여러분이 날씨를 잘 모르는 샌프란시스코로 발령을 받았다고 가정해 보세요. AI에게 질문을 하겠죠.

"샌프란시스코에 살면서 페리로 출퇴근하는데, 가장 좋은 겨울 재킷이 뭐야?"

일반적인 AI라면 단순히 인기 있는 겨울 재킷 목록을 보여줄 겁니다. 하지만 퍼플렉시티는 다릅니다. 샌프란시스코라면 해안 도시이고 바람이 많고 습한 날씨라는 점을 감안해서, 페리로 출퇴근을 한다면 야외에서 긴 시간을 보내야 하니 방수 기능이 필수겠다는 판단을 합니다. 이런 맥락을 모두 이해하고, 정말 그 상황에 맞는 재킷을 추천합니다.

대화는 계속됩니다. "부츠는 어때?" 새로운 검색을 시작하는 게 아닙니다. 같은 맥락(샌프란시스코, 페리 출퇴근, 겨울)을 유지한 채 부츠를 추천합니다.

더 놀라운 건, 과거 검색 기록도 학습한다는 점입니다. 예전에 미드센추리 모던 스타일 가구를 검색했다면, 데스크 램프를 찾을 때도 그 취향을 반영합니다. 광고주가 밀고 싶은 제품이 아니라, 여러분의 취향에 맞는 옵션을 우선 제시하는 거죠.

대화 중에 바로 결제까지, 판매자도 좋은 구조

퍼플렉시티는 페이팔과 제휴했습니다. 이 사실이 왜 중요할까요?

마음에 드는 제품을 찾았습니다. 보통은 여기서 판매 사이트로 이동하고, 회원가입하고, 결제 정보 입력하고… 번거롭죠. 퍼플렉시티에서는 검색 화면에서 바로 결제를 완료할 수 있습니다. 결제 후에도 같은 창에서 대화를 이어갈 수 있어, 쇼핑 흐름이 끊기지 않습니다. "이 재킷과 어울리는 가방도 찾아줘"라고 말하면 방금 산 재킷을 기억하고 있으니, 그에 어울리는 가방을 추천합니다.

흥미로운 점은 이 방식이 판매자에게도 이점이 있다는 겁니다. 페이팔 제휴 덕분에 소매업체는 거래의 중심에 남아 고객 정보를 확보할 수 있습니다. 반품 처리, 충성도 구축을 자체 사이트와 동일하게 할 수 있습니다. 그뿐 아니라 구매 후 관계 관리를 계속 이어갈 수 있습니다.

게다가 퍼플렉시티의 개인화된 대화 과정을 거친 고객은 구매 의향이 훨씬 높습니다. 즉시 결제 기능 덕분에 장바구니 이탈률도 낮고요. 현재 데스크톱과 웹에서 이용 가능하며, iOS와 안드로이드 앱도 곧 출시될 예정입니다.

퍼플렉시티가 보여주는 미래는 이렇습니다. "쇼핑은 검색이 아니라, 대화가 되어야 한다."

에이전트 AI로
새로운 쇼핑이 시작된다

지금까지 살펴본 네이버, 구글, 챗GPT, 퍼플렉시티의 쇼핑 기능에는 공통점이 있습니다. 사람이 AI에게 질문하고, AI가 답변하고, 사람이 최종 결정을 내립니다. 그런데 만약 사람의 개입조차 없이, AI가 알아서 쇼핑하고 예약하고 구매까지 한다면 어떨까요? 공상과학 영화 같지만, 실제로 그런 미래가 다가오고 있습니다.

　마이크로소프트 리서치는 이를 '에이전트 경제Agentic Economy'라고 부릅니다. AI 에이전트들이 사람을 대신해 경제 활동을 수행하는 새로운 경제 구조를 말합니다.

소통 비용이라는 문제

새로운 세무사를 찾는다고 생각해 보세요. 왜 사람들은 세무사를 바꾸기 어려워할까요? 서비스가 나쁘지 않아서? 가격이 저렴해서? 그것도 있지만, 가장 큰 이유는 '소통 비용' 때문입니다.

새 세무사에게 가려면 내 재정 상황을 처음부터 다시 설명해야 합니다. 수입 구조, 자산 현황, 세금 납부 이력… 복잡하고 귀찮습니다. 그래서 그냥 지금 세무사를 계속 이용하게 됩니다.

기업들은 온라인 양식이나 음성 안내 시스템(ARS)으로 이런 소통 문제를 해결하려 했습니다. 하지만 결과는 어땠나요? 소통 비용을 소비자에게 전가했을 뿐입니다. 길고 복잡한 양식을 채우는 건 여전히 소비자 몫이었고, 상호작용은 더 경직됐습니다.

AI 에이전트가 대신 소통한다

에이전트 경제에서는 이렇게 작동합니다. 모든 소비자는 '어시스턴트 에이전트'를 보유합니다. 이 에이전트는 내 개인 정보, 선호도, 구매 이력을 모두 알고 있습니다. 모든 기업은 '서비스 에이전트'를 운영합니다. 이 에이전트는 기업의 상품, 가격, 재고 정보를 관리하고 소비자와 상호작용합니다. 이 둘이 직접 대화합니다.

여러분이 새 세무사를 찾는다고 해봅시다. 여러분은 어시스턴트 에이전트에게 "새 세무사 찾아줘"라고만 말하면 됩니다. 그러면 어시스턴트 에이전트가 여러 세무법인의 서비스 에이전트와 접촉합니다. 내 재정 상황, 필요한 서비스, 예산을 설명하고, 각 법인의 견적과 조건을 받아 비교한 뒤, 가장 적합한 곳을 추천해 줍니다. 여러분은 최종 결정만 하면 됩니다. 모든 소통은 AI 에이전트들이 알아서 처리합니다.

아마존과 익스피디아는 왜 한계가 있을까?

현재 AI 에이전트는 두 가지 형태로 나뉩니다.

첫 번째는 각 기능이 분리된 채 독립적으로 작동하는 '사일로silo형 서비스 에이전트'입니다. 아마존의 루퍼스Rufus가 대표적입니다. 루퍼스는 고객이 주문 내역을 확인하거나 제품 기능을 비교할 때 도와줍니다. 웹사이트를 일일이 탐색하는 대신 자연어로 질문하면 되니 편리하죠.

익스피디아의 로미Romie는 고객 이메일과 그룹 채팅에서 정보를 가져와 여행 일정을 짜줍니다. 항공편, 호텔, 레스토랑을 포함한 완전한 여행 계획을 대화로 만들 수 있습니다.

문제는 뭘까요? 이런 에이전트들은 자기 회사 안에서만 작동합니다. 다른 에이전트와 소통할 수 없습니다. 루퍼스는 아마존 상품만 추천합니다. 로미는 익스피디아 밖의 숙소는 찾지 못합니다.

두 번째는 여러 기능을 통합해 하나의 흐름으로 처리하는 '범용 엔드투엔드end-to-end 에이전트'입니다. 오픈AI, 구글, 마이크로소프트의 AI가 여기에 해당합니다. 이들은 외부 소스에서 정보를 수집하고, 비즈니스 웹사이트를 탐색하며, 예약이나 주문 같은 작업도 수행합니다. 하지만 대부분의 기능은 '컴퓨터 사용 모델'을 통해 제공됩니다. 즉, 사람이 웹사이트에서 선택하고 클릭하는 것을 AI가 시뮬레이션하는 방식입니다. 진정한 의미의 에이전트 간 소통은 아닙니다.

중개 플랫폼의 종말?

진짜 에이전트 경제가 오면 무슨 일이 벌어질까요? 현재 디지털 경제의 핵심은 양면 플랫폼입니다. 아마존, 익스피디아, 오픈테이블, 스포티파이 같은 기업들이죠. 한국으로 보면 쿠팡, 놀, 캐치테이블, 멜론 같은 플랫폼이 이에 해당하죠. 이들은 수백만 명의 소비자와 기업을 연결해 줍니다. 양쪽 모두가 상호작용하는 방식을 표준화함으로써 가치를 창출합니다.

예를 들어 아마존은 판매자에게 특정 형식과 정책을 따르도록 요구하고, 소비자는 아마존 인터페이스로만 검색하고 거래하게 만들며, 양쪽을 중개하고 수수료를 받습니다. 그런데 에이전트끼리 직접 소통할 수 있게 되면 어떻게 될까요?

소비자의 어시스턴트 에이전트가 판매자의 서비스 에이전트를 직접 찾아갑니다. 가격, 배송, 조건을 직접 협상합니다. 중개자 없이 거래가 성립합니다. 아마존의 수수료를 내지 않아도 됩니다. 익스피디아를 거치지 않아도 호텔을 예약할 수 있습니다. 소통 마찰이 충분히 낮아지면, 양면 플랫폼의 중개 역할이 약해질 수 있습니다.

울타리 정원 vs 개방형 웹

하지만 현실은 그렇게 단순하지 않을 수 있습니다. 일부 기업들은 어시스턴트 에이전트를 무료로 제공하되, 소통을 제한할 수 있습니다. 에이전트 울타리 정원Agentic Walled Gardens을 만드는 거죠.

애플 인텔리전스, 구글 어시스턴트, 마이크로소프트 코파일럿, 메타 AI 같은 기업들이 유리한 위치에 있습니다. 이미 대규모 사용자 기반과 초기 에이전트 기술을 보유하고 있으니까요.

실제로 2025년 3월, 메타는 페이스북과 인스타그램의 비즈니스 페이지용 서비스 에이전트를 무료로 출시했습니다. 하지만 이 에이전트들은 자사 플랫폼 사용자들에게만 접근 가능합니다.

반대로 완전히 개방적이고 분산된 '에이전트 웹Web of Agents'이 형성될 수도 있습니다. 소비자와 기업이 자신의 에이전트를 완전히 소유하고 관리한다면, 소통이 제한 없이 이뤄질 수 있습니다. 현재의 월드 와이드 웹처럼 모든 에이전트가 다른 모든 에이전트와 자유롭게 거래하는 세상입니다.

어느 쪽이 될지는 아직 모릅니다. 시장 세력과 기술 발전, 규제 정책의 복잡한 상호작용에 따라 결정될 것입니다.

가까운 미래의 쇼핑 지형도

확실한 건, AI 에이전트 채택이 이미 진행 중이라는 사실입니다. 마이크로소프트의 오토젠AutoGen, 앤스로픽의 모델 컨텍스트 프로토콜Model Context Protocol, 구글의 에이전트2에이전트 프로토콜Agent2Agent Protocol 등 에이전트 간 상호작용 표준화에서 상당한 진전이 있었습니다.

머지않은 미래에 우리는 어떤 모습일까요? AI가 여러분을 대신해 장을 봅니다. 냉장고를 체크하고 필요한 식료품을 주문하죠. 여행도 예약합니다. 일정, 예산, 취향을 고려해 최적의 계획을 짭니다. 보험 갱신도 여러 회사와 협상해서 최고 조건을 확보하고, 세무사도 더 나은 조건의 전문가를 찾아 계약을 맺습니다. 여러분이 하는 일은 최종 승인뿐입니다. 나머지는 AI 에이전트들이 알아서 처리합니다.

제로 클릭 시대의
미래

지금까지 살펴본 모든 사례는 하나의 방향을 가리키고 있습니다. 검색 없이, 클릭 없이, AI와의 대화만으로 구매까지. 이것이 바로 '제로 클릭'의 완성된 형태입니다. 단계별로 진화를 정리해 볼까요?

제로 클릭의 진화

1단계. 답변 제로 클릭(현재)

AI가 질문에 답하니까 웹사이트를 클릭할 필요가 없어졌습니다. "서울 강남 세무사 추천"하고 물으면 AI가 바로 답합니다.

2단계. 쇼핑 제로 클릭(진행 중)

AI가 상품을 추천하고 비교해 주니까 쇼핑몰을 돌아다닐 필요가 줄어듭니다. 네이버, 구글, 챗GPT, 퍼플렉시티가 지금 여기에 있습니다.

3단계. 구매 제로 클릭(가까운 미래)

AI가 대신 결제하니까 구매 과정에서도 클릭이 최소화됩니다. 구글의 AI 대신 결제 기능이 이 단계를 열고 있습니다.

4단계. 완전 자동화(미래)

AI 에이전트가 알아서 쇼핑하고 예약하고 구매합니다. 사람의 개입은 최종 승인뿐입니다. 에이전트 경제가 이 미래를 그리고 있습니다.

단계마다 클릭은 줄어들고, AI의 역할은 커집니다. 우리는 어디쯤 와 있을까요? 1단계는 이미 일상이 됐습니다. 2단계가 빠르게 확산되고 있고요. 3단계도 이미 시작됐습니다. 4단계는 2~3년 안에 현실이 될 가능성이 높습니다.

작은 브랜드에도 기회가 있다

앞서 챗GPT 쇼핑에서 아마존이 54%, 월마트가 70%를 차지했다는 데이터를 보았을 겁니다. 사실입니다. 지금 구조에서는 대형 업체가 유리합니다. 하지만 희망적인 부분도 있습니다. 앞서 설명했듯 AI는 '유명한 곳'만 추천하지 않습니다. '이 질문에 가장 적합한 답'을 찾으려 합니다.

"강남역 근처 1인 사업자 전문 세무사."

"성수동 비건 디저트 카페."

"초등 저학년 파닉스 전문 영어학원."

이런 구체적인 질문에는 대형 프랜차이즈보다 그 분야에 특화된 작은 브랜드가 더 적합한 답일 수 있습니다. 핵심은 AI가 여러분을 '알고 있느냐'입니다.

AI가 여러분의 브랜드를 알려면, 읽을 수 있는 정보가 있어야 합니다. 홈페이지에 텍스트로 된 소개가 있어야 하고, 블로그나 FAQ에 전문성을 보여주는 콘텐츠가 있어야 하며, 네이버 플레이스나 구글 비즈니스에 정확한 정보가 등록되어 있어야 합니다.

이런 준비는 대기업만 할 수 있는 게 아닙니다. 1인 기업도, 동네 가게도 할 수 있습니다. 비용이 많이 드는 것도 아닙니다. 시간과 꾸준함만 있으면 됩니다.

지금 시작해야 하는 이유

변화는 이미 시작됐습니다. 하지만 아직 초기입니다. 지금 시작하면 선점 효과를 누릴 수 있습니다.

AI가 여러분의 브랜드를 기억하도록.

AI가 여러분의 제품을 이해하도록.

AI가 여러분을 고객에게 추천하도록.

완벽할 필요 없습니다. 작은 것부터 시작하면 됩니다.

지금 시작하는 사람이 선점합니다. 지금 준비하는 사람이 살아남습니다.

본길

7장

그래도 사람만이

할 수 있는 것

데이터베이스에 없는
인간적인 이야기

AI에 관한 이야기를 하다 보면 이런 걱정을 하는 분들이 있습니다.

"AI가 다 하면 사람은 뭘 해야 하나요?"

"우리의 노력이 무의미해지는 건 아닐까요?"

좋은 질문입니다. 그리고 이 책의 마지막 장에서 꼭 다뤄야 할 이야기입니다. 지금까지 AI에 관한 이야기를 많이 했습니다. 하지만 결국 중요한 건 사람입니다.

AI는 놀라운 일을 합니다. 수십억 개의 정보를 순식간에 검색하고, 패턴을 찾아내고, 답변을 생성합니다. 하지만 AI가 할 수 없는 것도 분명히 있습니다.

진정성 있는 이야기

AI는 데이터를 학습합니다. 하지만 경험은 할 수 없습니다. 고객이 여러분의 제품을 사용했을 때 느낀 감동. 직원이 밤새워 문제를 해결했던 그 순간. 창업자가 처음 사업을 시작하며 품었던 꿈. 이런 이야기는 AI가 만들어낼 수 없습니다. 데이터베이스에 없는 이야기니까요.

한 공간 탈취제 제품의 상품 페이지에 이런 글이 있었습니다.

"부끄럽지만… 제 이야기를 잠깐만 들어주세요. 저는 제게 풍기는 홀아비 냄새 때문에 이별통보를 받았습니다. 그때 정말 수치스럽고 힘들었지만 지금은 그녀를 이해합니다. (중략) 그렇게 악취와의 전쟁을 시작했습니다. 하지만 모두 냄새를 일시적으로 가릴 뿐…(중략) 정말 이러다간 장가도 못 가겠다 싶어 냄새를 가리는 게 아닌 '제거하는 제품'을 직접 만들기로 결심했습니다."

AI가 이런 이야기를 지어낼 수 있을까요? 기술적으로는 가능합니다. 비슷한 형식의 글을 생성할 수 있죠. 하지만 진정성은 복사할 수 없습니다. 이건 AI가 대체할 수 없는 자산입니다.

정석을 벗어나는 용기

AI는 평균을 잘 냅니다. 수많은 데이터를 종합해서 일반적으로 맞는 답을 제시하죠. "스타트업을 시작하려면 어떻게 해야 하나요?"라고 물으면 AI는 교과서적인 답변을 합니다. 시장 조사를 하고, 제품을 개발하고, 테스트를 거쳐 출시하라고요. 틀린 말이 아닙니다. 하지만 정석만 따라가서는 도달할 수 없는 곳이 있습니다.

2008년, 드롭박스Dropbox의 창업자 드루 휴스턴Drew Houston은 고민에 빠졌습니다. 클라우드 파일 동기화 서비스를 만들고 싶은데, 개발에는 수개월이 걸립니다. 문제는 사람들이 이 서비스를 원하는지 확신이 없다는 것이었죠. 여러 달을 투자해서 완성했는데 아무도 관심이 없으면 어떡하지?

AI에게 물었다면 이렇게 답했을 겁니다. "먼저 시장 조사를 하세요. 설문조사를 돌리고, 경쟁사를 분석하세요."

드루 휴스턴은 다른 길을 택했습니다. 제품을 만들지 않고 4분짜리 시연 영상을 찍었습니다. 영상 속에서는 파일이 마법처럼 컴퓨터와 웹사이트에서 동기화되는 것처럼 보였지만, 실제로는 모든 기능이 완벽히 구현된 상태가 아니었습니다. 일종의 '가짜 시연'이었죠. 그리고 이 영상을 커뮤니티 사이트 '디그Digg'에 올렸습니다. 영상 곳곳에는 회원들만 알아볼 수 있는 유머 코드도 숨겨뒀습니다.

결과는 폭발적이었습니다. 하룻밤 사이에 베타 서비스 대기자가 5000명에서 7만 5000명으로 급증했습니다. 드류 휴스턴은 단 하루 만에 "사람들이 이 서비스를 간절히 원한다"라는 확신을 얻었고, 그제야 본격적인 개발에 착수했습니다.

이 사례는 에릭 리스의 베스트셀러 『린 스타트업The Lean Startup』에 소개되며 전 세계 창업가들의 교과서가 되었습니다. 하지만 정작 AI에게 '신제품 출시 전략'을 물으면 이런 방법은 추천하지 않습니다. 데이터에 없는 방법이니까요. 정석을 벗어나 '안 되면 어쩌지?'라는 두려움을 감수하며 새로운 시도를 하는 것. 그건 사람만이 할 수 있는 일입니다.

고객과의 진심 어린 관계

AI는 효율적입니다. 수천 명의 고객을 동시에 응대할 수 있습니다. 하지만 진심은 효율로 측정할 수 없습니다.

작은 1인 소프트웨어 개발사의 에피소드입니다. 프랜차이즈에서 사용할 수 있는 솔루션을 개발한 대표가 밤늦게까지 프로그램을 업데이트하다가 공용 작업 시트를 보니, 엊그제 창업한 가맹점이 프로그램을 사용하고 있는 것을 발견했습니다. 그래서 가맹점주에게 카톡을 보냈습니다.

"아직 안 주무셨죠? 혹시 어려운 점이나 궁금한 부분 있으면 말씀하세요."

그렇게 그 가맹점은 수개월째 이 프로그램을 사용하고 있습니다. 프로그램이 완벽하지 않아도 떠나지 않습니다. 왜일까요? "이 사람은 진짜 내 편이구나"하는 믿음이 있기 때문입니다.

AI는 24시간 응대합니다. 하지만 새벽에 먼저 메시지를 보내지는 않습니다. 고객이 힘들어할 때 진심으로 걱정하지도 않습니다. 관계는 효율이 아니라 진심으로 만들어집니다.

창의적 도전과 실험

AI는 학습한 패턴을 기반으로 작동하며, 데이터가 말하는 '좋은 결과'의 평균값을 제시하는 데 최적화되어 있습니다.

AI에게 디자인이나 글쓰기를 맡기면 리스크가 없는 매끄럽고 안전한 결과물이 나옵니다.

하지만 역설적이게도 최근에는 이러한 AI의 '완벽한 성능'에 대한 반발로, 일부러 인간적인 불완전성을 강조하거나 의도적으로 오류를 도입하는 새로운 문화적·창작적 흐름이 부상하고 있습니다.

예를 들어 어글리즘Uglism 트렌드입니다. 패션과 디자인 분야에서는 AI의 매끄러운 완벽함에 대한 반항으로 의도적인 비대칭과 거친 텍스처를 강조하기 시작했습니다. 이는 2024~2025년 런웨이와 소셜 미디어를 통해 빠르게 확산되었습니다.

'글리치 아트Glitch Art'도 있습니다. 이미지 생성 AI인 미드저니Midjourney나 스테이블 디퓨전Stable Diffusion의 결과물에 일부러 노이즈와 왜곡을 넣어 '인간의 손길'을 흉내 내는 것입니다. 틱톡과 인스타그램에서는 '#imperfectAI(불완전한 AI)'라는 해시태그가 인기를 끌며 완벽하지 않은 미학을 공유합니다.

콘텐츠 크리에이터가 실수를 연출하기도 합니다. 마케팅 현장에서는 완벽하게 편집된 AI 영상 대신, 의도적으로 실수를 연출해 친근함을 강조하는 전략이 유효하게 작용하고 있습니다. 한국의 디지털 마케터들 사이에서도 유튜브 쇼츠 등에 이러한 '인간적인 허점'을 적용하여 높은 반응을 이끌어내고 있습니다.

결과적으로 AI가 평균적인 '좋은 디자인'을 내놓을 때, 사람은 익숙함을 깨고 불편함을 감수하며 새로운 시도를 하는 용기를 냅니다. 혁신은 평균에서 나오지 않습니다. AI의 완벽함을 도구로 활용하되, 그 위에 인간만의 독특한 관점과 때로는 의도된 불완전함을 얹는 하이브리드 접근이 이 시대의 새로운 표준이 되고 있습니다. 데이터베이스에는 없는 여러분만의 '인간적인 이야기'를 더하는 것, 그것은 AI가 결코 따라 할 수 없는 영역이자 가장 강력한 차별화 전략입니다.

AI의 답변도
결국 사람이 만든다

챗GPT에게 질문하면 답변이 나옵니다. 그 답변은 어디서 왔을까요? AI가 만들었다? 맞습니다. 하지만 AI가 무에서 유를 창조한 건 아닙니다.

AI는 학습한 데이터에서 답변을 만듭니다. 그 데이터는 누가 만들었을까요? 사람입니다. 어떤 연구자가 논문을 썼습니다. 어떤 엔지니어가 기술 문서를 작성했습니다. 어떤 마케터가 블로그에 사례 연구를 올렸습니다. 어떤 기자가 트렌드를 분석한 기사를 썼습니다. AI는 이 모든 것을 학습하고 재조합해서 답변을 만듭니다. 결국 AI 답변의 품질은 사람이 만든 콘텐츠의 품질에 달려 있습니다.

컴퓨터 과학에서 유명한 격언이 있습니다. "garbage in, Garbage out(쓰레기를 넣으면 쓰레기가 나온다)" AI도 마찬가지입니다. 웹에 허위 정보만 가득하다면, AI도 허위 정보를 학습합니다. 피상적인 정보만 있다면, AI도 피상적인 답변만 합니다. 반대로 깊이 있는 통찰, 정확한 데이터, 유용한 가이드가 웹에 많다면? AI의 답변 품질도 올라갑니다. AI를 똑똑하게 만드는 건 결국 사람입니다.

사람이 좋은 콘텐츠를 만들어야 AI가 좋은 답변을 합니다. 여러분이 홈페이지에 정성껏 쓴 FAQ, 블로그에 올린 고객 사례 연구, 여러분이 언론에 제공한 전문가 의견, 이 모든 것이 AI의 학습 자료가 됩니다. 그리고 다른 사람들이 AI에게 질문했을 때, 여러분의 지식이 답변의 일부가 됩니다.

AI 시대에 콘텐츠 창작자의 역할

"AI가 글도 쓰고 그림도 그리는데, 창작자는 필요 없는 거 아닌가요?"

정반대입니다. AI 시대에 창작자는 더욱 중요해집니다. AI가 콘텐츠를 생성할 수 있다는 건 맞습니다. 하지만 AI

가 생성하는 콘텐츠는 기존 콘텐츠의 조합입니다. 새로운 지식, 새로운 관점, 새로운 경험은 여전히 사람에게서 나옵니다.

예를 들어볼까요. 2026년에 새로운 마케팅 기법이 등장했다고 합시다. 누군가는 그걸 직접 시도하고, 결과를 정리하고, 블로그에 글을 씁니다. 그 글이 웹에 올라갑니다. AI가 학습합니다. 다른 사람들이 그 주제에 대해 질문하면, AI가 그 글을 인용하며 답변합니다. 최초의 지식은 사람에게서 나왔습니다. AI는 그걸 더 많은 사람에게 전달하는 역할을 할 뿐입니다. 창작자가 없으면 AI에게 학습시킬 새로운 지식이 없습니다. AI는 과거의 데이터를 재조합할 뿐, 미래를 창조하지 못합니다.

AI 시대, 일자리에 대한 새로운 시각

"AI 때문에 일자리가 사라지는 거 아닌가요?"

이 질문은 AI 시대를 살아가는 많은 사람들의 걱정입니다. 특히 창작자, 마케터, 사무직 근로자들이 불안해합니다. 솔직히 말씀드리면, 일부 업무는 분명히 AI로 대체될 겁니다. 하지만 역사를 보면 다른 그림이 보입니다.

산업혁명 때 수작업으로 실을 뽑던 노동자들은 기계가 일자리를 빼앗을 거라고 두려워했습니다. 실제로 수작업 방적공의 일자리는 줄었습니다. 하지만 섬유 산업 전체의 고용은 오히려 늘었습니다. 기계를 다루는 기술자, 공장 관리자, 디자이너, 유통 전문가 등 새로운 직업이 생겨났기 때문입니다.

컴퓨터가 보급됐을 때도 마찬가지였습니다. "계산원이 사라진다" "타이피스트가 필요 없어진다"라는 예측이 있었습니다. 맞는 말이었습니다. 하지만 동시에 프로그래머, 데이터 분석가, UX 디자이너, 디지털 마케터라는 직업이 생겨났습니다. 컴퓨터 때문에 사라진 일자리보다 컴퓨터 덕분에 생긴 일자리가 더 많았습니다.

AI도 같은 패턴을 따를 가능성이 높습니다. MIT 경제학자 데이비드 오토David Autor의 연구에 따르면, 현재 존재하는 직업의 60%는 1940년에는 존재하지 않았습니다. 기술이 발전할 때마다 새로운 직업이 생겨났다는 뜻입니다.

중요한 건 '어떤 일이 사라지느냐'가 아니라 '어떤 역량이 중요해지느냐'입니다. AI가 대표적으로 잘하는 것은 반복 작업, 데이터 처리, 패턴 인식, 초안 작성과 같은 작업입니다. 반면 사람이 잘하는 것은 맥락 판단, 감정적 연결, 창의적 도전, 윤리적 결정과 같은 것들이죠.

AI 시대에 살아남는 사람들의 공통점이 있습니다. AI를 경쟁자가 아니라 도구로 보는 것입니다. 한 카피라이터의 이야기입니다. 처음에는 "AI가 글을 쓰면 내 일이 없어지는 거 아닌가?"하고 걱정했습니다. 하지만 지금은 AI를 활용해서 초안을 빠르게 만들고, 자신은 그 초안에 브랜드 톤과 감성을 입히는 작업에 집중합니다. 생산성은 세 배가 됐고, 클라이언트는 더 만족합니다. 인식을 전환하면 기회가 보입니다.

- AI가 내 일을 빼앗는다 → AI가 내 능력을 확장한다
- AI 때문에 경쟁이 치열해진다 → AI 덕분에 진입장벽이 낮아진다
- AI가 창작을 대신한다 → AI가 창작의 실행을 도와준다

기술은 도구, 본질은 사람

AI는 강력한 도구입니다. 하지만 그저 도구일 뿐입니다.

망치가 아무리 좋아도, 무엇을 만들지는 사람이 결정합니다. AI가 아무리 똑똑해도, 어떤 질문을 할지는 사람이 결정합니다.

앞서 설명한 모든 전략들을 떠올려 보세요. FAQ 만들기, 블로그 글 쓰기, 홈페이지 업데이트하기 등 말입니다. 이 모든 것의 핵심은 '사람'입니다. 어떤 질문에 답할 것인지는 고객을 이해하는 사람이 알고, 어떤 내용을 쓸 것인지는 전문 지식을 가진 사람이 알며, 어떻게 표현할 것인지는 커뮤니케이션 감각이 있는 사람이 압니다.

AI는 이 과정을 도울 수 있습니다. 초안을 작성하고, 문법을 교정하고, 아이디어를 제안할 수 있죠. 하지만 최종 결정은 사람이 합니다. 이 내용이 우리 브랜드답고, 고객에게 유용하고, 진실한지 판단하는 건 사람의 몫입니다.

기술은 계속 발전합니다. 하지만 본질은 변하지 않습니다. 좋은 제품, 좋은 서비스, 좋은 관계를 만드는 건 여전히 사람입니다. 결국 AI 시대에도 핵심은 사람입니다. AI는 도구이고, 그 도구를 어떻게 쓸지 결정하는 건 여전히 사람의 몫입니다.

트렌드는 바뀌어도
본질은 그대로다

AI는 지금 가장 뜨거운 트렌드입니다. 모두가 AI 이야기를 합니다. 몇 년 전에는 메타버스가 그랬습니다. "메타버스 안 하면 도태된다"는 말이 넘쳐났죠. 그 전에는 블록체인이었고 좀 더 전에는 빅데이터였습니다.

트렌드는 계속 바뀝니다. 새로운 기술이 등장하고, 새로운 플랫폼이 뜹니다. 여기서 중요한 질문 하나. "그럼 우리는 매번 새로운 트렌드를 쫓아야 하나요?"

아닙니다. 트렌드는 바뀌지만, 본질은 바뀌지 않습니다.

고객이 원하는 것은 바뀌지 않았다

10년 전에도, 지금도, 10년 후에도 변하지 않는 것이 있습니다. 고객은 가치를 원합니다. 문제를 해결해 주는 제품, 필요를 채워주는 서비스, 믿을 수 있는 관계입니다. 이건 AI가 등장해도 변하지 않습니다.

AI는 고객이 여러분을 '찾는 방법'을 바꿉니다. 하지만 고객이 '원하는 것'은 바뀌지 않습니다. 예전에 고객은 네이버에서 검색해서 여러분을 찾았습니다. 이제는 AI에게 물어봐서 여러분을 찾습니다. 하지만 찾은 후에는 여전히 같은 질문을 합니다. "이 회사가 내 문제를 해결해 줄 수 있나?" "이 제품이 내가 원하는 가치를 주나?" "이 사람들을 믿을 수 있나?"

AI 대응을 하는 이유도 결국 이것입니다. 고객에게 우리의 가치를 전달하기 위해서입니다. 방법은 바뀌지만, 목적은 같습니다.

30년 동안 변하지 않은 것

한 중소 제조업체의 이야기입니다. 이 회사는 1995년에 창업해서 산업용 부품을 만들어왔습니다. 30년 동안 세 번의 큰 변화를 겪었습니다.

2000년대 초반, 인터넷이 보급되면서 "이제 오프라인 영업은 끝났다"라는 말이 나왔습니다. 경쟁사들은 서둘러 온라인 쇼핑몰을 만들었습니다. 이 회사는 어떻게 했을까요? 홈페이지를 만들긴 했지만, 핵심은 여전히 '품질'이었습니다. 고객이 온라인에서 찾든 오프라인에서 찾든, 결국 제품이 좋아야 재주문을 한다는 걸 알았기 때문입니다.

2010년대 중반, 중국산 저가 제품이 시장을 휩쓸었습니다. '가격 경쟁에서 살아남으려면 원가를 낮춰야 한다'라는 압박이 있었습니다. 경쟁사들은 품질을 낮추고 가격을 맞췄습니다. 이 회사는 어떻게 했을까요? 오히려 품질을 더 높였습니다. '싼 건 중국에서 사면 되지만, 정밀한 건 우리한테 와야 한다'라고 포지셔닝했습니다.

2020년대, AI 시대가 왔습니다. "AI 대응을 안 하면 검색에서 사라진다"라는 말이 나옵니다. 이 회사는 어떻게 하고 있을까요? 홈페이지에 제품 정보를 자세히 정리하고, 기술 블로그를 운영하기 시작했습니다. 하지만 핵심은 여전히 '품질'입니다.

30년 동안 인터넷, 글로벌 경쟁, AI라는 세 번의 큰 파도가 밀려왔습니다. 이 회사가 살아남은 이유는 뭘까요? 변하는 것에 적응하되, 변하지 않는 것을 지켰기 때문입니다. 인터넷이 오면 인터넷에 적응하고, AI가 오면 AI에 적응합니다. 하지만 '좋은 제품을 만든다'라는 본질은 30년간 한 번도 바뀌지 않았습니다.

기술이 아닌 목적에 집중하기

지금까지 본문에서 AI에 관해 많은 이야기를 했습니다. 하지만 이 책의 핵심은 AI가 아닙니다. 핵심은 '고객과 연결되는 것'입니다.

AI는 그 수단일 뿐입니다. 지금은 AI가 중요해서 AI 이야기를 합니다. 5년 뒤에 더 중요한 기술이 나오면, 그걸 다뤄야겠죠. 하지만 목적은 변하지 않습니다. '우리의 가치를 고객에게 전달하고, 신뢰 관계를 만드는 것'입니다.

이 목적에 집중하면 트렌드에 휘둘리지 않습니다. 메타버스가 뜰 때 '우리도 메타버스 해야 하나?'하고 고민했을 겁니다. 목적에 집중하면 답이 나옵니다. '메타버스가 우리 고객과 연결되는 데 도움이 되나?' 우리 고객이 메타버스에 있다면, 해야 합니다. 우리 고객이 메타버스에 없다면,

안 해도 됩니다.

AI도 마찬가지입니다. 우리 고객이 AI로 정보를 찾는다면, AI 대응을 해야 합니다. 우리 고객이 여전히 전화로만 문의한다면, 전화 응대를 잘하는 게 더 중요합니다. 기술은 수단입니다. 목적을 잊지 마세요.

단순함의 힘

복잡한 전략, 최신 기술, 화려한 마케팅. 유혹적입니다. 하지만 가장 강력한 건 종종 가장 단순한 것입니다. 좋은 제품을 만들고, 고객의 말을 경청하고, 약속을 지키며, 꾸준히 개선하는 것입니다. 진부해 보이나요? 하지만 이것들이 야말로 변하지 않는 원칙입니다.

AI 시대에도 마찬가지입니다. AI에게 인식되려면 복잡한 기술이 필요한 게 아닙니다. 고객이 궁금해하는 점에 대한 답을 홈페이지에 올리고(좋은 제품), 고객 문의에서 자주 나오는 질문을 정리하고(고객의 말 경청), 홈페이지 정보를 최신으로 유지하며(약속 지키기), 매주 조금씩 콘텐츠를 추가하면(꾸준히 개선) 됩니다. 단순합니다. 하지만 이걸 꾸준히 하는 회사가 많지 않습니다. 그래서 단순한 것을 꾸준히 하는 회사가 이깁니다.

기술은 우리 생각보다 빠르게 변한다

2022년 11월 30일, 오픈AI가 챗GPT를 세상에 공개했습니다. 당시 탑재된 모델은 GPT-3.5. 사람들은 AI와 대화할 수 있다는 사실만으로도 흥분했습니다. "AI가 이런 것까지 할 수 있다니!" 하는 반응이 넘쳐났죠. 2026년 3월 현재, 우리가 사용하는 모델은 GPT-5.3입니다. 불과 3년 만에 AI는 완전히 다른 수준에 도달했습니다.

AI 이미지도 마찬가지입니다. 챗GPT로부터 시작된 생성형 AI 열풍이 분 2023년, AI가 그림을 그린다는 소식에 전 세계가 놀랐습니다. 미드저니와 달리DALL-E가 만든 이미지를 보며 사람들은 경탄했고, 소셜 미디어에는 AI가 만든 그림이 넘쳐났습니다. '이제 AI가 예술까지 한다'는 기사가 쏟아졌죠.

그로부터 불과 3년, 지금 그때의 이미지를 다시 보면 어떤가요? 어색한 손가락, 뭉개진 배경, 부자연스러운 질감. 당시에는 최첨단이었던 이미지가 지금은 AI가 만든 수준 낮은 이미지로 보입니다.

더 놀라운 건 변화의 속도입니다. 2024년 5월, 오픈AI는 GPT-4o를 공개했습니다. 텍스트, 이미지, 음성을 동시에 처리하는 멀티모달 AI로, 자연스럽고 따뜻한 대화 스타일은 전 세계 사용자들의 사랑을 받았습니다. 오픈AI의 플래그십 모델이었죠. 2026년 1월 30일, 오픈AI는 그 GPT-4o의 서비스 종료를 발표했습니다. 출시부터 종료까지 채 2년이 되지 않았습니다. 한때 가장 사랑받았던 AI 모델이, 더 나은 모델에 밀려 역사 속으로 사라지는 겁니다.

AI의 발전 속도는 과거 그 어느 기술보다 빠릅니다. 인터넷이 대중화되기까지 10년 넘게 걸렸습니다. 스마트폰이 세상을 바꾸는 데는 5~6년이 필요했습니다. 하지만 AI는 3년 만에 GPT-3.5에서 GPT-5.3까지 왔습니다. 플래그십 모델의 수명이 2년도 되지 않습니다. 이 속도는 앞으로 더 빨라질 겁니다.

변하지 않는 것의 가치

그렇다면 이렇게 빠르게 변하는 세상에서, 우리는 무엇을 붙잡아야 할까요? 답은 의외로 단순합니다. 변하지 않는 것을 붙잡으면 됩니다.

진정성, 전문성, 신뢰. 이런 가치들은 검색엔진 시대에도 중요했고, AI 시대에도 중요하고, 미래에 어떤 기술이 등장하더라도 중요할 겁니다. GPT-3.5가 GPT-5.3으로 바뀌어도, 고객이 원하는 건 변하지 않았습니다. 내 문제를 해결해 줄 수 있는 전문가, 믿을 수 있는 브랜드, 진심으로 대해주는 사람.

AI 모델은 2년마다 바뀔 수 있습니다. 하지만 여러분이 쌓은 신뢰는 바뀌지 않습니다. AI에 대응하면서 이런 본질을 잊지 마세요. AI는 도구입니다. 여러분의 가치를 더 많은 사람에게 전달하는 수단입니다. 하지만 가치 자체는 여러분이 만들어야 합니다. AI가 대신할 수 없습니다.

변하는 것에 적응하되, 변하지 않는 것에 집중하세요. 그게 AI 시대를 현명하게 살아가는 방법입니다.

결국 움직이는 건 사람입니다

여기서 중요한 점이 있습니다. AI가 여러분을 선택하는 게 아닙니다. 여러분이 선택받을 가치를 만드는 겁니다. 주체는 AI가 아니라 여러분입니다.

AI는 여러분이 만든 콘텐츠를 읽습니다. AI는 여러분이 쌓은 신뢰를 감지합니다. AI는 여러분이 업데이트한 정보를 학습합니다. 하지만 그 콘텐츠를 만들기로 결심하는 건 사람입니다. 매일 조금씩 더 나은 정보를 올리겠다고 마음먹는 건 사람입니다. 고객에게 한 약속을 끝까지 지키는 것도 사람입니다.

신뢰는 알고리즘이 만들지 않습니다. 약속을 지키는 사람이 만듭니다. 일관성은 시스템이 만들지 않습니다. 오늘도 같은 자리에서 행동하겠다고 결심한 사람이 만듭니다. 고객이 "이 브랜드는 믿을 수 있다"라고 느끼는 순간, AI가 "이 브랜드는 추천할 만하다"라고 판단하는 순간, 그 뒤에는 항상 묵묵히 행동한 사람이 있습니다.

AI한테 잘 보여야 한다는 생각을 버리세요. 고객에게 진짜 가치를 주면, AI도 알아봅니다. 순서가 중요합니다. 좋은 제품, 좋은 서비스, 좋은 콘텐츠가 먼저입니다. AI 노출은 그 결과입니다.

완벽한 준비를 기다리지 마세요. 지금 할 수 있는 작은 것부터 시작하세요. AI 시대를 만들어가는 건, 기술이 아니라 사람입니다. 그리고 그 사람은 바로 여러분입니다.

프롤로그에서 시작한 여정이 여기까지 왔습니다. 지금 무슨 일이 벌어지고 있는지 확인했습니다. AI가 어떻게 정보를 선택하는지 이해했습니다. 오늘부터 무엇을 해야 할지 배웠습니다. 그리고 변하지 않는 가치가 무엇인지, 결국 누가 움직여야 하는지 생각했습니다.

이제 공은 여러분에게 넘어갔습니다. AI 시대는 위기이기도 하지만, 기회이기도 합니다. 준비하는 사람에게는 기회가 됩니다.

여러분의 성공을 응원합니다.

참고 자료

프롤로그

- 김난도 외, 『트렌드 코리아2026』, 미래의창, 2025
- Rand Fishkin, "2024 Zero-Click Search Study", SparkToro, 2024, https://sparktoro.com/blog/2024-zero-click-search-study-for-every-1000-us-google-searches-only-374-clicks-go-to-the-open-web-in-the-eu-its-360/
- "Gartner Predicts Search Engine Volume Will Drop 25% by 2026", Gartner, 2024, https://www.gartner.com/en/newsroom/press-releases/2024-02-19-gartner-predicts-search-engine-volume-will-drop-25-percent-by-2026-due-to-ai-chatbots-and-other-virtual-agents

- Inner Spark Web Content Team, "AI Search & Zero-Click Statistics 2025", Inner Spark Creative, 2025, https://www.innersparkcreative.com/news/ai-search-zero-click-statistics-2025-verified
- James Berry, "What are zero-click searches? How AI stole your traffic", LLMrefs, 2026, https://llmrefs.com/blog/zero-click-search
- Hamp Oldshue, "Zero-Click Crisis: 58% of Google Searches End Without Clicks", Superprompt, 2025, https://superprompt.com/blog/zero-click-search-worsens-58-percent-google-no-clicks-november-2025-recovery-strategies

1장

- 「저작권 이슈 브리프」, 한국저작권위원회, 2025, https://www.copyright.or.kr/information-materials/trend/tmis/view.do?brdctsno=54610#
- "2026년 1분기 한국 검색엔진 시장 점유율", 인터넷 트렌드, 2026, https://www.internettrend.co.kr/trendForward.tsp
- "한국인이 가장 많이, 오래 사용하는 AI(인공지능) 챗봇 순위는?", 와이즈앱·리테일, 2026, https://www.wiseapp.co.kr/insight/detail/727/most-popular-ai-chatbots-in-korea
- "4월 월간 인기 모바일 앱 순위 총정리", 모바일인덱스, 2025, https://aimatters.co.kr/news-report/ai-news/21081/

- Natasha Sommerfeld, Megan McCurry, Doug Harrington, "Goodbye Clicks, Hello AI: Zero-Click Search Redefines Marketing", Bain & Company, 2025, https://www.bain.com/insights/goodbye-clicks-hello-ai-zero-click-search-redefines-marketing/
- David F. Carr, "ChatGPT Topped 3 Billion Visits in September", Similarweb, 2025, https://www.similarweb.com/blog/insights/ai-news/chatgpt-topped-3-billion-visits-in-september/

5장

- Dan Taylor, "Tracking AI search citations: Who's winning across 11 industries", Search Engine Land, 2025, https://searchengineland.com/ai-search-citations-11-industries-463298
- David F. Carr, "AI Referral Traffic Winners By Industry", Similarweb, 2025, https://www.similarweb.com/blog/insights/ai-news/ai-referral-traffic-winners/

6장

- "DAN25 네이버클라우드 하이라이트: AI, 모두를 위한 도전", 네이버, 2025, https://clova.ai/tech-blog/dan25-네이버클라우드-하이라이

트-ai-모두를-위한-도전

- Elizabeth Reid, "AI Mode in Google Search: Updates from Google I/O 2025", Google, 2025, https://blog.google/products/search/google-search-ai-mode-update/

- "Shopping That Puts You First", Perplexity, 2024, https://www.perplexity.ai/hub/blog/shopping-that-puts-you-first

- "Perplexity Selects PayPal to Power Agentic Commerce", PayPal, 2025, https://about.pypl.com/news-details/2025/Perplexity-Selects-PayPal-to-Power-Agentic-Commerce/default.aspx

- "Buy it in ChatGPT: Instant Checkout and the Agentic Commerce Protocol", OpenAI, 2025, https://openai.com/index/buy-it-in-chatgpt/

- "ChatGPT referrals to retailers' apps increased 28% year-over-year", Apptopia, 2025, https://techcrunch.com/2025/12/02/chatgpt-referrals-to-retailers-apps-increased-28-year-over-year-says-report/

- "The Agentic Economy", Microsoft Research, 2025, https://www.microsoft.com/en-us/research/publication/the-agentic-economy/

- 메타 비즈니스 AI, Meta, 2025, https://www.facebook.com/business/ai/business-ai

7장

- 에릭 리스, 『린 스타트업』, 인사이트, 2012
- 더티 린넨 홈페이지, https://dirtylinen.co.kr/

우리는 광고비 없이 AI로 팝니다

초판 1쇄 인쇄 2026년 4월 6일
초판 1쇄 발행 2026년 4월 14일

지은이 김재희·강명구·공인희
펴낸이 김선식

부사장 김은영
콘텐츠사업본부장 임보윤
기획편집 여소연 **디자인** 윤유정 **책임마케터** 지석배
콘텐츠사업1팀장 한다혜 **콘텐츠사업1팀** 윤유정, 문주연, 조은서, 여소연
마케팅사업1팀 이고은, 지석배, 최민경, 김은지 **홍보1팀** 홍수경, 변승주
브랜드사업본부장 정명찬
브랜드홍보팀 오수미, 서가을, 박장미, 박주현
영상홍보팀 이수인, 염아라, 이지연, 노경은
저작권팀 성민경 **편집관리팀** 조세현, 김호주, 백설희
재무관리팀 하미선, 임혜정, 이슬기, 김주영, 오지수
인사총무팀 강미숙, 김재경, 김혜진, 김주림, 황종원
제작관리팀 이소현, 김소영, 유미애, 이지우, 이승협
물류관리팀 김형기, 김선진, 주정훈, 양문현, 채원석, 박재연, 이준희, 최대식

펴낸곳 다산북스 **출판등록** 2005년 12월 23일 제313-2005-00277호
주소 경기도 파주시 회동길 490
전화 02-704-1724 **팩스** 02-703-2219 **이메일** dasanbooks@dasanbooks.com
홈페이지 www.dasan.group **블로그** blog.naver.com/dasan_books
종이 스마일몬스터 **인쇄** 민언프린텍 **코팅·후가공** 제이오엘앤피 **제본** 다온바인텍

ISBN 979-11-306-7625-8 (03320)

다산북스(DASANBOOKS)는 책에 관한 독자 여러분의 아이디어와 원고를 기쁜 마음으로 기다리고 있습니다.
출간을 원하는 분은 다산북스 홈페이지 '원고 투고' 항목에 출간 기획서와 원고 샘플 등을 보내주세요.
머뭇거리지 말고 문을 두드리세요.